누구 좋으라고 남의 회사 다녔지

초판 1쇄 발행	2019년 10월 7일
증판 1쇄 발행	2019년 12월 19일
지은이	아이디어스
펴낸곳	백패커
펴낸이	김동환
디자인	아이디어스, 디자인리바운드 (design-rebound.com)
주소	서울특별시 마포구 동교로19길 12
문의전화	1668-3651

CONTACT US

이메일	support@idus.me
웹사이트	https://www.idus.com
페이스북	facebook.com/idus.me
인스타그램	instagram.com/idus.me
트위터	https://twitter.com/idus_kr
네이버포스트	http://m.post.naver.com/idus_me

시작하며

이 자극적인 제목에 이끌려 책을 펼치신 분이라면, 마음속 어딘가에
답답함을 품은 채 회사라는 조직에 몸담고 계실 것 같습니다. 혹은
새로운 출발을 생각하고 계신 분인지도 모르겠습니다. 회사 생활이
라는 것이 그렇죠. 기껏 만든 야심 찬 프로젝트에 찬물을 끼얹는 상
사, 다 된 밥에 숟가락만 얹는 동료, 기계적으로 반복되는 업무 속에
서 매일매일 마음속 어딘가 조금씩 마모되어 갑니다.

10년 후의 미래를 생각해봅시다. 직장생활 10년이 나에게 무엇을 남
길까요? 퇴직금일까요, 경력일까요? 아이를 낳고 육아를 하면서 경
력이 단절된다면 그것조차 남지 않겠죠. 회사에 남아있더라도 연봉
과 직급은 오르겠지만 점차 실무와 멀어지고, 턱밑에서는 실력 있는
후배들이 치고 올라올 테고요. 그러다 어느 날 회사에서 자리가 사라
지게 될 수도 있겠지요. 그땐 무엇을 새롭게 시도할 수 있을까요?

다시 지금으로 돌아와서 미래를 고민해봅시다. 지금 무엇을 해야 할
까요? 아이디어스는 '나만의 브랜드'를 생각했습니다. 기성의 브랜드
와 경쟁하는 거창한 브랜드가 아니라, 소소하게 운영하는 작고 특별
한 브랜드 말이지요. 이를 통해서라면 10년이 지난 뒤 경력이나 퇴직
금보다 더 소중하고 가치 있는 나만의 커리어가 남게 되지 않을까요?

아이디어스에는 10,000여명의 핸드메이드 작가님이 있습니다. (2019년 7월 기준) 손으로 만드는 것을 즐기며 자신들이 좋아하는 일을 찾아 적극적으로 실현한 사람들입니다. 몇몇 작가님들은 놀라운 매출까지 만들어 냅니다. 아이디어스에서는 2018년 1월에 월 매출 1억 작가가 등장했습니다. 아이디어스 상위 35% 작가의 연 평균 수입은 5,400만 원입니다. 상위 5%의 연 수입 평균은 2억 2천만 원이고요 (2017년 5월 아이디어스 데이터 기준). 이러한 수익은 대한민국 공예인의 평균 연 수입 1,175만 원과 비교하면 매우 큰 차이라고 할 수 있습니다(2015년 공예산업 실태조사, KCDF).

이 책에는 핸드메이드 작품들을 판매하는 핸드메이드 작가의 인터뷰가 담겨 있습니다. 그들이 만드는 핸드메이드 작품은 도자기부터 금속공예, 음식, 액세서리에 이르기까지 아주 다양합니다. 혹자는 이들을 두고 '제품'을 판매하는 '자영업자', 혹은 '사장님'이라고 부릅니다. 하지만 아이디어스에서는 이들을 '작품'을 만드는 '작가'라 부릅니다. 이들의 '작품'이 단순히 돈을 받고 판매하는 제품 그 이상의 가치가 있다고 믿기 때문입니다.

이들에게 특별한 손재주가 있는 것은 사실입니다. 하지만 우리는 모두 보잘것없다고 느껴지는 것일지라도 특별한 재주 하나씩은 가지고 있지요. 남들보다 눈썰미가 조금 더 뛰어나거나, 음식 맛을 잘 본다거나, 남들과는 다른 독특한 생각을 잘하는 등 나만의 장점이 있을 것입니다.

혹시 10년 후의 미래 혹은 퇴직과 같은 고민을 하고 계신다면 이 책이 작으나마 도움이 되었으면 합니다.

책장을 한 장 한 장 넘기며 당신의 10년 후를 생각해보는 소중한 시간이 되길 바랍니다.

인터뷰에 참여하신 작가님의 인터뷰 중 전부 혹은 일부가 책의 기획 의도에 따라 실리지 못했습니다. 바쁜 시간을 내어 인터뷰에 참여해주신 작가님들께 아쉬운 마음과 감사한 마음을 전합니다. 몇 번의 편집 과정을 거쳐 저희가 인터뷰 과정 중 느꼈던 점과 깨달은 점들을 최대한 담아내기 위해 노력했습니다.

감사합니다.

누구 좋으라고
남의 회사 다녔지?

목차

01
모든 경험 활용하기

- **그리고, 오늘** #직장다니며 기반마련하기

- **오색찬란 코리아** #정보 #국가지원사업 #전통민화
  #취미를 직업으로

개인의 경험은 정말 모두 소중한 자산이 될 수 있을까요? 스티브잡
스는 어느 연설에서, 모든 경험은 점으로 존재하지만 각각의 점들을
선으로 잇는다면 생산적인 자산으로 탈바꿈할 수 있다고 이야기했
습니다.

우리가 헛걸음, 헛고생, 헛일했다고 기억하고 있는 그 무수한 점들
은 사실 시간과 관찰이라는 선으로 이을 수 있는 소중한 자산일지
모릅니다. 지금 만나볼 작가님들은 직장인으로서 살아왔던 경험과,
취미를 통해 갈고 닦아온 자신의 재능을 엮어 만들어낸 소중한 자산
을 통해 자신만의 견고한 브랜드를 만들어 왔습니다.

작아만 보였던 점들은 어떻게 의미 있는 선으로 연결될 수 있었을까
요? 실버 주얼리를 제작하는 '그리고, 오늘' 작가님과 민화를 이용한
폰케이스를 제작하는 '오색찬란코리아' 작가님과의 인터뷰를 통해
그 답을 찾아보았습니다.

- 그리고 오늘 #직장다니며 기반마련하기

- 오색찬란 코리아 #정보 #국가지원사업 #전통민화 #취미를 직업으로

그리고,
오늘

매출	황동 책갈피 작품 단일 품목으로 총 2천여 개 판매 달성 (2019 5월 기준)	
직원 수	1인 기업	
취급 작품 카테고리	금속공예	
시작	2017년 9월	
해시태그	#직장다니며 기반마련하기	

무턱대고 직장을
그만두고 시작하기 보다
직장에서의
시간을 활용하는 게
좋아요.

소개 글

직장에서 겪은 다양한 경험은 창업이라는 새로운 항해를 시작하는데 필요한 튼튼한 닻이 되었습니다. 특히 직장에서 근무했던 경험은 자신의 브랜드를 운영하는 데 큰 도움을 주었습니다. 고객의 이야기를 듣는 능력, 이를 통해 좀 더 원활하게 커뮤니케이션하는 능력, 각인 서비스를 제공하는 등 고객의 선호를 캐치해서 작품에 녹이는 능력 등은 MD로 근무하며 어떻게 하면 상품을 더 잘 팔 수 있을지 고민했던 시간이 쌓여 만들어진 능력이 아닐까 합니다.

'그리고, 오늘'은 성북동에 위치한 작은 금속공예공방입니다. 햇살이 잘 드는 이 작은 공방에서, 큰 꿈을 향해 천천히 순항 중인 작가님을 만났습니다.

저는 여기 성북동에서 "그리고, 오늘"이라는 이름의 금속공예 작업실을 운영하고 있어요.

Q. 작가님을 소개해 주세요.

저는 여기 성북동에서 "그리고, 오늘"이라는 이름의 금속공예 작업실을 운영하고 있습니다. 이 공간에서는 클래스를 진행하고, 작품을 실제로 구경하고 싶으신 분들이 와서 구경하실 수 있도록 작은 쇼룸으로도 운영하고 있어요. 이 자리에 온 지는 1년 반 정도 됐고 주로 실버/황동작품을 작업합니다. 아이디어스에 입점한 것은 2017년 8월입니다.

Q. 이 브랜드를 하시기 전에는 어떤 일을 하셨고,
   어떤 계기로 공방을 열게 되셨나요?

잡화를 판매하는 온라인 편집숍에서 MD(이하, 엠디)로 일했어요. 신진 디자이너 브랜드를 소개하거나, 어떻게 하면 더 잘 팔릴 수 있을지에 대해 고민하고 기획하는 업무를 했습니다. 엠디를 하면서 고객의 니즈를 파악하고, 어떻게 하면 제품을 더 잘 노출할 수 있는지에 대해 많이 배웠어요.

사실 제 전공은 시각디자인이에요. 고등학교 때 금속공예를 배우고 싶었는데, 당시 입시미술 선생님이 공예 하면 밥 못 벌어먹는다고 절 너무 말리시는 거예요. 그래서 좀 더 포괄적인 미술 분야인 시각디자인을 전공하게 됐죠.

대학생 때는 종종 프리마켓에 나갔어요. 그때는 돈이 별로 없어서 원하는 작품을 많이 못 만들잖아요. 그래도 만드는 걸 좋아해서 친구들에게만 작품을 만들어주다가, 작은 카페에서 하는 소규모 프리마켓에 나가게 되었어요. 당시에 부자재를 사서 접합하는 방식으로 작품을 만들었는데 원하는 모양의 부자재를 찾는 게 더 힘들었어요. 그러면서 제가 만들고 싶은 게 생기더라고요. '더 배워야겠다'라고 생각해서, 휴학을 하고 금속공예를 배우기 시작했어요.

3학년쯤엔 따로 전문적인 금속공예 학원에서 1년 6개월가량 이수했어요. 그리고 4학년 1학기 무렵 취업하고 엠디 생활을 1년가량 하면서 또 다른 기관에서 세공을 배웠어요. 학원마다 가르쳐주는 세공의 기법이 다르거든요. 그래서 여러 기법을 배울 수 있었어요. 그러면서 마지막에 다닌 학원의 공방을 대여하다시피 하여 거기서 개인 작업을 시작 했어요. 주말에는 그렇게 제작한 작품들을 인터넷에 올려 소소하게 판매했어요. 공예는 잠깐이라도 손을 놓으면 잊어버리기 때문에 회사 다니면서 계속 작업을 했죠.

4년 정도 회사에서 일하고 나니, 회사 생활을 계속할지 고민하게 되었어요. 늦어도 서른 전에는 금속공예 공방을 꼭 차려야겠다고 생각하기도 했고요. 그러던 중에 이 작업실을 우연히 알게 됐어요. 너무 크지 않고 아담해서 시작하기에 딱 좋겠다는 생각이 들었어요.

Q. 금속공예가 가진 매력은 무엇인가요?

공방이 월요일마다 쉬는데, 저는 그때마다 새로운 걸 배우러 다녀요.
도자, 캔들 등… 손으로 하는 걸 다 좋아하는데, 그중에서도 금속공
예가 저와 잘 맞는 것 같아요. 제가 힘이 좀 센 편인데, 금속은 너무
예민하지 않고 단단하다 보니까 자유롭게 작업할 수 있거든요.

직장 경험이 가장 큰 자산

Q. 책갈피를 제작하게 된 계기가 있나요?

"그리고, 오늘"은 실버 주얼리를 메인작품으로 하고 있어서 은 소재
작품이 제일 많은데, 공교롭게도 황동 책갈피가 제일 많은 사랑을
받고 있어요. 주얼리만 판매해서는 접근성이 떨어진다고 생각하다
가 나온 작품이 황동 책갈피였어요. 사실 요새 실버 주얼리가 많잖
아요. 게다가 초저가의 주얼리들도 너무 잘 나오고 있거든요.
그래서 비교적 저렴하면서도 선물하기 좋은 아이템을 생각해보다
가 책갈피를 떠올리게 됐어요. 책갈피는 남녀연령 상관없이 교수님,
친구들, 연인들, 부모님 등 정말 다양한 분들에게 선물하거든요. 그
리고 책갈피라고 해서 책에만 꽂는 것도 아니고 앞치마나 가방 등에
도 다양하게 활용할 수 있더라고요.
이 아이템이 제가 만들 당시엔 많지 않았어요. 은보단 가격 면에서

도 접근성이 좋고요. 황동은 앤틱 가구에 많이 쓰이는 소재인데, 오래 있을수록 색깔도 멋있어져요. 그걸 '에이징'이라고 하는데, 그 느낌도 좋아서 황동으로 책갈피를 만들게 되었죠.

Q. 황동 책갈피는 작가님의 시그니처 작품이 된 것 같아요.

나만의 작품을 만들어야 한다고 생각해요. 얼마 전에 처음으로 카피 문제를 겪었어요. SNS가 흥하면서, 작품이 쉽게 노출될 수 있다 보니 카피 문제가 생기더라고요. 근데 카피하는 건 욕심이에요. 빤짝 잘되어 보려는 욕심. 제가 엠디로 일할 때도 카피해서 잘된 분들은 본 적이 없어요. 한계가 분명히 와요. 나만의 작품을 연구하면서 좋은 작품의 영향을 받는 건 좋지만, 그냥 순전히 좋은 작품만 따라 하는 것은 의미가 없는 것 같아요.

어떤 브랜드든지 그 브랜드를 대표하는 제품 하나씩은 꼭 있어요. 유명한 카페에 가도 케이크라든지 인테리어라든지 내세울 만한 것이 꼭 하나씩은 있잖아요. 핸드메이드 작가도 자기 작품 가운데 유명한 작품이 하나는 있어야 한다고 생각해요. 황동 책갈피는 제 시그니처 작품이 되었죠. 앞으로도 황동 소재를 이용한 다양한 활동을 하고 싶어요.

and kep

ready to pac

"I told you we

"And I told you, yo

tered.

Decker said, "Since you two we

way out here, come to Beverly Hills w

few ideas." He exhaled forcefully. "

and I could use some fresh input.

"What's

"Rina's

the address. "It's about twent

Oliver

in-law's?"

"I'm sleeping at my

law," Decker

service and

are spacious and cl

Oliver tho

she'd like a h

"She alrea

全的獻身

박지연

Tengo un
futuro

eg was

y said. Last thing

oor out walking the

affey

OEY

thing.

밤에는 눈을 감았다
랑해도 흩나지 않는 꿈이었다

ge said. "To confuse us. Be-

with the

ears that

주를 알수록
얼마나

as far as shotgun wounds go," Decker

ll missing.

사랑을 가득 머금은

get Ant

Grant?" Decker held up his hands. "You

f thing I thought of."

en at the

discharge

doing extra

MAGDA'S

onion
alm
n

Q. 확실히 각인을 할 수 있다는 게 메리트 같아요.
그것도 처음부터 생각하셨어요?

엠디로 일하면서 "어떻게 하면 잘 팔릴까"를 항상 고민했어요. 그게
제 일이었거든요. 자연스럽게 책갈피에는 어떻게 하면 특별함을 더
할 수 있을까를 고민하다가 각인을 하게 되었죠. 우리나라 분들이
유독 이름이나 메시지를 새기는 각인을 좋아하시는 것 같아서 생각
하게 되었어요. 특히 책갈피에 각인하는 경우는 별로 없었기 때문에
좋아해 주신 게 아닐까 해요.

Q. 가격 설정은 어떻게 하셨어요?

처음에 가격 책정할 때 가격이 너무 비싼 것은 아닌지 고민했어요.
사실 책갈피는 보통 몇천 원 정도 하거나 그도 아니면 책 사면 주는
판촉물 정도로 다뤄졌잖아요. 그래서 자신을 위해서 사기에는 다소
비싼 금액으로 느껴질 수 있지만, 선물이라고 생각했을 때는 만 원
후반에서 이만 원 초반은 꽤 괜찮은 금액대인 것 같았어요. 그래서
지금의 가격을 설정하게 되었어요.

하고 싶은 것을 오랫동안 하기 위한 노력

Q. 아이디어스 입점 후 매출은 언제부터 잘 나오기 시작했나요?

2017년 12월에 책갈피가 나왔는데, 그때는 매출이 많이 나오진 않았어요. 매출이 궤도에 오르려면 최소한 7~8개월은 지나야 하는 거 같아요. 그리고 할인 이벤트도 참여하고 적극적인 태도로 움직여야 그만큼 홍보가 되는 거 같아요.

Q. 어떤 행사를 참여하셨나요?

12월에 아이디어스 크리스마스 연말 기획전을 신청했어요. 연말이니까 기분 좋게 해보자고 마음먹었죠. 처음이자 마지막일 수 있으니까 시원하게 해보자, 했죠.

그 전에는 이런 이벤트를 진행한 적이 없었어요. 제가 엠디를 하다가 직접 운영하는 입장으로 바뀌니 달라지더라고요. 그때는 '조금이라도 할인해 주시면 안 될까요'하고 부탁하는 입장이었지만, 지금은 수수료 빼고 뭐 빼고 하니까 할인하기가 어려워요.

그래서 연말에 정말 큰맘 먹고 20% 할인을 했어요. 금액적으론 단 몇천 원이지만, 고객에겐 차이가 컸나 봐요. 행사를 통해 할인을 하고 기획전에 노출되고 보니까, 행사가 끝난 뒤에도 평소보다 더 많은 수량의 주문이 들어오기 시작했어요. 일단 한 번 크게 노출되니까 리뷰가 많이 쌓여서 그런 거죠. 적절한 시기의 행사 참여는 아주 좋은 거 같아요.

주문이 막 들어왔다고 알람이 마구 뜨는데 처음엔 무섭더라구요. '집에 못 들어가겠네, 어쩌지?' 하면서요. 하지만 누구에게도 도움을 청할 수 없는 일이라, 마음을 가라앉히고 시간을 넉넉하게 잡고 순서대로 만들자고 생각했죠.

Q. 혹시 처음에 잘 안되었던 그 7~8개월 동안은 어떻게 하셨어요?

금속공예 클래스를 꾸준히 진행했던 것이 기반이 되었어요. 보통 초창기에는 판매가 잘 안 되면 수업을 많이 하더라고요. 수업이 수익으로 남는다는 얘기도 하고요. 평균적인 고정비가 들어가니까 기반을 잡아줄 수 있는 수단은 필요한 거 같아요. 그게 저한테는 수업이었고요.

이 공간도 금속공예 클래스를 운영하기 위해 시작했어요. 금속공예를 배우며 제가 느꼈던 재미를 다른 사람들에게도 쉽게 알려줄 수 있는 공간이 있었으면 좋겠다고 생각했거든요. 지금 진행 중인 금속공예 취미반은 한 달 과정이에요. 대학생들도 많이 오고 요즘엔 회사원분들이 많이 와요. 취미도 가지고 스트레스도 풀기 위해서요. 무려 창원에서 여기 성북동까지 오시는 분도 계세요.

무려 창원에서 여기 성북동까지 오는 분도 계세요.

작품의 히스토리가 가치를 높인다

Q. 작가님 작품에 큰 변화를 원하시는 분도 계셨어요?

처음엔 고객의 요구를 모두 반영해주는 것이 좋지 않을까 생각했는데, 시간이 지나고 보니까 무조건 반영한다고 다 좋은 일은 아니더라고요. 작품 하나가 나오기까지 제가 겪은 시행착오가 많잖아요. 현재 판매하는 작품들은 그러한 시행착오의 과정을 겪으면서 각인의 위치, 두께, 무게와 같은 다양한 요소들이 최적화되어 나온 상태예요.

근데 고객들은 그걸 알 수 없어요. 그러다 보니 '여기는 둥글게 해 주시면 안 될까요' 등의 문의를 하세요. 그러면 이 작품이 왜 이렇게 나오게 되었는지, 어떤 이유로 이렇게 디자인된 건지 설명해 드려요. 예를 들어 황동 책갈피에는 작은 틈이 있어요. 그런데 이렇게 디자인한 의도를 모르시는 경우에는 올라온 부분을 딱 붙여달라고 문의를 하세요. 그런데 만약 올라온 부분이 딱 붙어 있으면 책에 잘 끼워지지도 않고 뺄 때 책장이 찢어지기도 해요. 이러한 이유로 지금과 같이 디자인된 거라고 고객에게 설명을 해 드리죠. 처음에는 고객이 요구하는 방향대로 만들어 드리면 더 좋을 것으로 생각했지만, 그렇게 만들었다가 하자가 생기면 그것 또한 제 책임이거든요. 그래서 최대한 디자인의 의도를 설명하면, 대체로 제 의견을 이해하시고 수긍하세요.

Q. 고객과의 소통을 잘 하시는 작가님만의 노하우가
   있을까요?

엠디 때의 경험이 확실히 도움이 많이 돼요.

고객 응대 측면에서는, 일단 애기를 다 듣고 원하시는 방향이 어떤
건지 물어봐요. 어떤 분들은 환불이나 교환을 원하는 것이 아니라
그냥 불만을 이야기하고 싶어 하기도 해요. 그러면 그냥 들어드려
요. 그런 다음에 '아, 그러셨군요. 죄송합니다. 더 좋은 작품으로 보
답하겠습니다'하고 말씀드리면 누그러지세요. 공감해 주면 마음이
차분해지잖아요. 한 번씩 다시 말하면서 공감해 주는 거죠.

대화로 풀기 어려우면 환불이나 교환을 진행해요. 환불을 원하시면
시원하게 해 드리자는 주의예요. 그런 분들이 재주문 하시는 경우도
있으니까요.

마케팅이나 브랜딩 측면에서는, 브랜드나 작품보다 나라는 사람 자
체를 보여주려고 해요. 그럼 더 믿고 구매하시는 거 같아요. 작품만
내세우다 보니 하나의 벽이 느껴졌거든요. 고객도 작가도 사람이니,
사람을 먼저 보여주어야 작품엔 어떤 의미가 있는지, 소중함과 특별
함을 더욱 느끼시는 것 같았어요.

그리고 그렇게 노출된 나라는 사람을 신뢰하게 되었을 때 제 작품에
대한 존중이 더 생길 것 같았고요. 작품만 홍보하는 것은 그냥 컴퓨
터와 말하는 느낌 같지 않나요? 그런데 제가 작업하는 모습도 보여
주고 어디에서 영감을 받았는지와 같은 내용을 공유하면 작품에 대
해서 더 가치 있게 느끼시는 것 같아요.

그리고, 오늘 작가님의 작품들

Q. 얼마나 오래 하고 싶으세요?

계속하고 싶어요. 나이가 들어 노안이 오거나 손에 무리가 오거나 하면 힘들어지겠지만, 그러면 또 그 선에서 할 수 있는 작업을 이어나가고 싶어요. 그렇다고 해서 제가 부유해졌다는 것은 아니지만, 좋아하는 걸 하다 보면 자연스럽게 경제적인 부분은 따라오는 거 같아요.

Q. 작가를 꿈꾸시는 분들에게 한마디 부탁드려요.

무턱대고 일을 벌이는 것보다는 여유자금이 필요해요. 처음엔 조급할 수밖에 없거든요. 당장 매출이 나오지 않으니까. 최소 3~4개월은 수익이 없어도 버틸 수 있는 기반이 있을 때 하시는 게 좋다고 생각해요. 저처럼 회사 생활을 하거나 다른 일을 겸할 수 있다면 최대한 그렇게 하다가 적당한 타이밍에 옮기는 게 좋을 것 같아요.

경제적인 지원이 되어야 창작도 자유롭게 할 수 있거든요. 경제적으로 어려움이 있으면 재료 사기도 어려워요.

조급함이 생기면 잘 팔리는 것들만 눈에 들어오게 돼요. 그러면 내가 하는 작업, 내가 만드는 작품 역시 그렇게 나오게 되는 거 같아요. 만약에 아이디어가 안 떠오른다는 생각이 들면 같은 분야의 비슷한 작품보다, 예술에 대한 전반적인 면을 넓게 보며 영감을 받았으면 좋겠습니다.

그리고, 오늘 작가님의 작업 모습

오색찬란
코리아

매출	약 연 2억 원
직원 수	1인 기업
취급 작품 카테고리	민화로 디자인한 폰케이스, 우산 등 소품 제작
시작	2017년 9월
해시태그	#정보 #국가지원사업 #전통민화 #취미를 직업으로

저도 자신감이 생길 때까지
기다렸는데, 그게 잘 안 생겨요.
그래서 '에라, 모르겠다'
하는 마음으로 질러버렸죠.

어떤 경험이 소모적일까요? 우리가 하는 모든 경험을 낭비가 아닌 투자라고 생각하고 임할 때, 쏟아온 노력과 축적된 실력이 우리를 기회라는 무대 위로 떠밀어 줄 것이라 믿습니다. 오색찬란코리아는 우리의 전통 그림인 민화를 응용해 친숙한 생활용품을 만드는 브랜드입니다. 민화는 작가의 손을 통해 고루한 옛것이 아닌 새로운 개성이 되었습니다. 이 1인 기업은 연 매출이 약 2억에 달할 정도로 무섭게 성장 중입니다.

오색찬란코리아 작가님은 프리랜서 디자이너 10년 차에 비로소 자기만의 브랜드를 시작했습니다. 그리고 자신감은 기다린다고 해서 생기는 것은 아니라고 말합니다. 확신없는 시간들에 불안해하면서도 꾸준히 실력과 경험을 쌓아 온 그 지난한 시간이, 마치 파도처럼 자신을 도전의 장으로 떠밀었다고 이야기하면서 말이죠.

취미로 조금씩 조금씩 오래 배웠어요. 너무 매력적이었어요.

일을 하며 취미로 배우던 민화

Q. 원래 민화를 하셨어요?

학부 때 디자인을 전공하고 디자이너로 오래 일했어요. 컴퓨터 작
업을 계속하다 보니 손 그림을 배우고 싶어서 배울만한 것을 찾다가
민화를 배우게 됐어요. 취미로 조금씩 조금씩 오래 배웠는데 너무
매력적이었어요.

Q. 민화 말고는 어떤 걸 배우셨어요?

여러 가지를 배웠어요. 마음 한구석에 항상 '나의 무엇을 갖고 싶다', '늙어서까지 할 수 있는 걸 찾을 테야' 하는 생각이 항상 있었어요. 많은 분이 자기 브랜드를 갖고 싶어 하는 것처럼 저도 제 브랜드를 하고 싶었어요.

마음 한구석에 항상 '나의 무엇을 갖고 싶다', '늙어서까지 할 수 있는 걸 찾을 테야' 하는 생각이 항상 있었어요

Q. 프리랜서 생활을 얼마나 하셨나요?

10년 정도 했어요. 웹사이트, 그래픽 사용자 인터페이스 디자인 (이하 GUI 디자인), 모바일 아이콘 디자인 등을 했는데 그중에서도 소프트웨어 GUI 디자인을 주로 했죠.

Q. 직장 경험이 어떻게 작가님에게 도움이 되었나요?

회사에서 패키지디자인도 했어요. 그때의 경험을 살려서 현재 쌈지길 아이디어스 스토어에서 판매하고 있는 폰케이스 패키지를 디자인했어요. 빨간 리본은 전통적인 느낌을 위해 한복 등에서 차용하여 만들었어요.

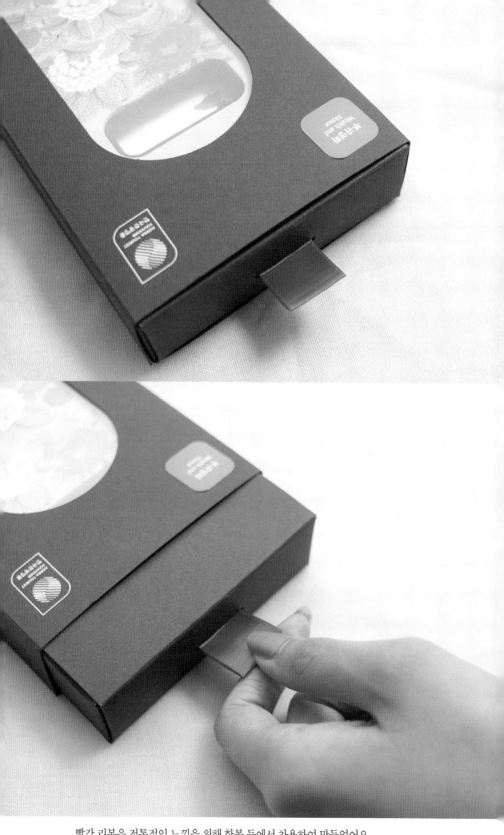

빨간 리본은 전통적인 느낌을 위해 한복 등에서 차용하여 만들었어요.

전통의 본질을 지키면서 대중에게 다가가는 방법

Q. 작가님께서는 민화라는 다소 낯선 요소를 디자인
   으로 활용해 대중적으로 잘 풀어냈다는 생각이
   들어요.

저도 많이 놀랐어요. 나만 좋아하는 줄 알았는데, 좋아하는 사람들
이 많다는 생각에 기분이 좋았고요. 막상 시작해보니 젊은 사람들이
옛날 것을 고루하다고 생각하기보다는 새롭고 특이한 것으로 보아
주시더라고요.

특히 용이 인기가 많아서 신기해요. 용을 이렇게 많이 좋아해 주실
줄은 몰랐거든요. '소수만 좋아할 수 있겠다'라고 생각했는데 너무
많이들 좋아해 주셔서 깜짝 놀랐죠.

이름을 한문으로
보내주시면 낙관처럼
프린트해드립니다.

특히 용이 인기가 많아요. 이렇게 많이 좋아해주실 줄은 몰랐거든요.

Q. 폰 케이스 배경색이 핑크잖아요. 그게 어찌 보면
소구할 수 있는 포인트였던 것 같아요. 트렌디한
느낌이에요.

고객님들의 요구를 수용해 제작하게 되었어요. 처음엔 한지 색 베
이지 톤으로 만들었는데 고객들이 다 핑크인 줄 알았다고 하셔서 바
꿨어요. 사실 배경색 변경도 처음엔 거절을 못 해서 바꿔드린 거였
어요. 색이라는 게 액정으로 볼 때와 실제로 볼 때가 다를 수 있잖아
요. 이후에는 배경색을 여러 가지 색상 중에 선택할 수 있게 만들었
어요.

고객들이 다 핑크인 줄 알았다고 하셔서 그 의견을 듣고 바꿨어요.

Q. 작가님의 디자인을 고수하셨을 수도 있는데 고객
님들의 의견을 흔쾌히 수용하신 이유가 있나요?

제 작품을 사주시는 것만으로도 감사해요. "나랑 같은 취향이잖아!"
라고 생각하게 되거든요. 그게 참 좋더라고요. 그래서 가능하면 다
해 드리고 싶은 마음이 있어요. 오히려 취향이 같은 사람들을 많이
만날 수 있어서 반갑고 신기했어요. 회사를 다니면서 느끼기 어려운
부분이니까요.

공모전으로 첫발을 내딛다.

Q. 처음 작품으로 생계를 꾸리는 업으로 삼아도 되겠
다고 결심하시게 된 계기나 사건에 대해 말씀해
주세요.

직접 그린 작품으로 수입을 얻고 싶다는 생각을 계속 갖고 있었죠.
처음엔 무언가를 만들어서 팔고 싶다는 생각을 했는데 2~3년간 지
지부진했었죠. 그러다 '올해엔 안 되겠다'하는 마음이 들어서 공모
전에 나가보기로 결심했어요. 그렇게 준비한 관광기념품 공모전에
서 수상하게 되면서 창업을 하게 됐습니다.

Q. 어떻게 공모전에 참가하게 되셨나요?

'아트콜라보'[1]라는 코트라 지원사업에 참여하게 되었어요. 거기서 폰케이스 제작업체와 협업해서 제 작품으로 폰케이스 샘플을 뽑아 보게 되었어요. 이렇게 만들어진 폰케이스를 관광기념품 공모전[2] 에 출품했고 수상을 했어요. 공모전에서 수상하면 홍보에도 도움이 되고 지원도 받을 수 있으니 좋죠.

그 이후에 중소기업진흥공단에서 수수료를 지원해주는 크라우드 펀딩 지원사업[3]에 참가해서 펀딩을 진행했어요. 공모전을 계기로 크라우드 펀딩도 도전하게 된 거죠. 판매를 시작한 것은 아이디어스 에 입점하고 나서예요.

---

(1) 코트라 - 아트콜라보 :
수출을 위한 아트콜라보 컨설팅 서비스. 아트콜라보란 기업이 예술 이미지를 활용하거나, 예술가가 제품 개발과 생산, 나아가 포장과 유통, 홍보 마케팅, 판매 등 모든 영업 활동 전반에 협력하는 활동.

(2) 한국 관광공사 - 관광기념품공모전 :
한국의 문화와 아름다움이 담긴 대한민국 대표 관광 기념품 공모전

(3) 문화체육관광부 & 한국관광공사 - 관광 중소기업 크라우드 펀딩 지원사업 :
크라우드 펀딩 성공을 위한 교육과 컨설팅, 크라우드 펀딩 용 마케팅 콘텐츠 제작, 중개사 등록 및 성공 수수료 등을 지원하는 사업.

자신감은 기다린다고 생기지 않는다.

Q. 공모전 참가로 잘 풀리게 됐네요.

이게 어느 순간 확 잘 풀리긴 했지만, 그 과정을 살펴보면 쉽게 된 건 아니었어요. 이런 일을 하고 싶다는 건 오랫동안의 꿈이었어요. 가만히 있기만 한 것은 아니에요. 혼자 쌓았던 거죠. 디자인은 일이니까 했고, 아기 때문에 프리랜서 디자이너로 일하면서도, 디자이너 일을 늙어서까지 할 수는 없다고 생각했어요. 그래서 계속 뭔가를 배웠죠. 그런데 제가 확 지르는 성격이 아니니까, 조금씩 천천히 혼자서 만들고, 프리마켓에 나가기도 했어요. 그러다가 공모전에서 수상하면서 이렇게 된 거예요.

Q. 프리마켓에서는 무엇을 팔았나요?

손거울이나 부채에 직접 그림을 그렸어요. 티셔츠에 실크스크린도 하고요. 그러다 보니 제작하는 데 들이는 노력에 대한 가격과 프리마켓을 찾는 고객들이 생각하는 가격이 서로 맞지 않아 판매가 잘 안 되었어요. 이런 방식으로는 작업시간도 오래 걸리고, 만족할만한 가격으로 팔기도 쉽지 않았죠. 그땐 하나하나 직접 그리는 방법밖에 없는 줄 알았어요. 지금처럼 하면 되겠다는 생각을 못 했어요.

손거울이나 부채에 직접 그림을 그렸어요.

Q. 오색찬란코리아라는 이름은 어떻게 지으셨나요?

'오색찬란하다'는 '여러 가지 빛깔이 한데 어울려 아름답게 빛나다'
라는 뜻이에요. 단어가 마음에 들어서 어느 공모전에 제출한 작품명
으로 썼어요. 우리나라 그림의 아름다운 색감을 표현하는 작품들이
니 코리아를 붙여서 오색찬란코리아라고 한 거죠. 어떤 사람들은 유
치찬란하다고 말하기도 하고, 남편은 큰 회사명 같다고 하기도 했
죠. 하지만 오색찬란하다는 말이 마음속에서 떠나지 않아서 브랜드
명으로 정하게 됐어요. 지금은 잘 한 거 같아요. 뭐, 어때요. 제가 하
고 싶은 대로 해보는 거죠.

Q. 만약 지인이 핸드메이드 작가를 한다고 했을 때
　해주고 싶으신 조언이 있나요?

최대한 알아보고, 자신을 어필할 수 있는 곳에는 다 보이라고 말해
주고 싶어요.
혼자 생각하고 조금씩만 했을때는 성과가 없었어요. 여기저기 많이
보여주고 기회를 찾는 것이 좋을 것 같아요. 저도 자신감이 생길 때
까지 기다렸는데, 그게 잘 안 생겨요. 그래서 '에라, 모르겠다' 하는
마음에 질러버렸죠.

오색찬란코리아

47

#정보 #국가지원사업 #전통민화 #취미를 직업으로

[창업 지원 프로그램]

창업 비용 지원 프로그램, 사업 컨설팅, 마케팅 지원 프로그램,
해외 전시 지원 프로그램 등 정부 및 지자체에서 제공하는
창업 지원 프로그램의 종류가 굉장히 다양합니다.
특히 핸드메이드 작가의 작품 카테고리에 따라서 지원할 수 있는
프로그램이 상이하니 꼭 아래 사이트를 꼼꼼히 확인하세요.

중소벤처기업진흥공단 | http://www.kosmes.or.kr
K-스타트업(창업넷) | https://www.k-startup.go.kr/
창업진흥원 | https://www.kised.or.kr/
SBA 서울산업진흥원 | https://mybiz.sba.kr/

어릴 적, 우리는 모두 넘어지는 일을 통해 일어서고 걷고 달리는 법을 배웠습니다. 어른인 우리에게도 종종 넘어지는 일은 필요합니다. 하지만 어른이 되어갈수록 이를 두려워하게 되지요. 넘어지면 아프고, 민망하고, 손에 쥐고 있던 걸 놓쳐버릴 수도 있으니까요.

이번에 소개할 두 작가님은 넘어지는 일, 즉 실패를 대하는 모습이 닮았습니다. 한 명의 젊은 작가님은 새로운 도전 앞에서 실패를 두려워하는 대신 이룰 수 있는 방법을 먼저 찾았습니다. 다른 한 명의 작가님은 나이테 같은 연륜 속에서 몇 번의 실패를 겪으면서도 굴하지 않고 뚜벅뚜벅 자신의 길을 걸어왔습니다.

이들은 넘어지는 일이 두렵거나 아프지 않은 걸까요? 아니면 이들이 겪었던 실패 속에 우리가 발견하지 못했던 다른 무언가가 있었던 걸까요? 이들은 어떻게 실패를 딛고 일어나 계속 앞으로 걸어갈 수 있었을까요?

- 김보람 초콜릿 #유튜브독학 #추진력

- 고은재 #10년묵히는비누 #일본중국진출

무언가 시작할 때는 깊이
생각하지 않는 편이고
하고 싶으면 바로 해봅니다.
단순해서 추진력이 좋은 편이에요.

김보람
초콜릿

매출	연 4억 원대
직원 수	7명
취급 작품 카테고리	초콜릿
시작	2017년 5월
자본금	2,000만 원
해시태그	#유튜브독학 #추진력

소개 글

"할 수 있을까?" 또는 "어떻게 할까?"라는 두 가지 질문은 모두 어떤 일을 시작하기에 앞서 흔히 던지는 질문입니다. 하지만 두 가지 질문은 서로 완전히 다른 출발점 위에 놓여있습니다. 이번에 소개할 작가님은 군 제대 후 짧은 클래스에서 초콜릿에 입문한 뒤, 책과 유튜브로 초콜릿을 만드는 방법을 독학했습니다. 그리고 지금은 20대 중후반의 젊은 나이에 연 매출 4억 원 규모의 초콜릿 공방을 운영하고 있지요.

작가님이 초콜릿을 만나 꿈을 꾸고, 이뤄가는 과정을 들으면 흡사 통쾌함마저 느낄 수 있습니다. 평범한 청년은 어떻게 소문난 초콜릿 공방의 작가가 되었을까요? 혹시, 어떤 '질문'이 그를 바꾸게 한 것은 아니었을까요?

"할 수 있을까?", 또는 "어떻게 할까?" 이 글을 읽은 후에, 여러분은 출발점에서 둘 중 어떤 질문을 스스로 던지게 될까요?

Q. 작가님에 대해 간단히 소개해주세요!

수제초콜릿 전문점, 김보람 초콜릿의 김보람입니다. 기계 없이 손으로 초콜릿을 제작하여 판매하고 있습니다.

Q. 이 공방을 시작하신 지는 얼마나 되셨나요?

이제 오픈한 지 1년 10개월 됐습니다.

"할 수 있을까?"가 아니라 "어떻게 할까?"를 생각한다.

Q. 초콜릿을 선택하게 된 계기가 있었나요?

프랜차이즈 박람회에서 우연히 초콜릿을 봤어요. 초콜릿 전문점이 아니라 어떤 카페에서 만든 초콜릿이었지만 그 모양이 너무 이쁘더라고요. 그래서 처음엔 따라 만들면서 시작하게 되었어요.

그렇게 만들다보니 진짜 초콜릿을 이용하게 되고, 그러면서 초콜릿의 모양 자체를 내가 원하는 모양으로 만들 수 있다는 것을 알게 되었어요. 그렇게 조금씩 알아가면서 지금에 이르게 되었습니다.

Q. 초콜릿을 유튜브, 해외 사이트 등에서 배우셨다고 들었어요.

네. 저는 군대 갔다 와서 공방에 다니면서 초콜릿을 배웠어요. 돈이 없어서 비싼 1급까진 배우지 못했고 2급까지만 배웠어요. 그리고 나서 유튜브, 해외 사이트 등을 보면서 독학했어요. 기초적인 것은 공방에서 작가님께 배우고 그다음부터는 혼자 공부한 거죠.

무언가 시작할 때는 깊이 생각하지 않는 편이고 하고 싶으면 바로 해봅니다. 배워야 하는 게 있으면 배우고, 하고 싶은 거 합니다. 단순해서 추진력이 좋은 편이에요.

사실 대한민국에서는 초콜릿에 대한 민간 자격증만 있어요. 초콜릿 제작이 궁금하시다면 유튜브와 초콜릿 책을 보시면 됩니다.

Q. 판매는 어떻게 하게 되셨어요?

부평 지하상가에 가게가 1,500개 징도 있는데, 그곳에 위치한 카페에서 일하면서 커피를 배웠어요. 커피 배달도 하고요. 그렇게 사람들을 만나서 제가 만든 초콜릿을 하나씩 드리니 맛있다고 해서 그분들께 먼저 판매하게 되었어요. 그러면서 일하던 카페에서도 같이 판매하며 시작했어요.

그러다가 프리마켓을 알게 되었어요. '문화상점' 이라는 네이버 카페를 통해 프리마켓을 확인할 수 있더라고요. 주변에서도 프리마켓에 나가서 판매해보면 좋을 것 같다 하셔서 나가봤는데, 처음에는 거의 안 팔렸어요.

Q. 안 팔렸는데 계속하셨어요?

다른 프리마켓도 가 봤는데 또 안 팔리더라고요. 이러한 경험이 계속되다 보니 저에게 문제가 있다는 걸 깨닫게 되었어요. 구성을 어떻게 해야 사람들이 사는지를 배우게 된 거죠. 그렇게 프리마켓 판매를 계속하다가 어느 날 홍대에 갔는데, 홍대 동진시장에서 정말 많이 팔렸어요. 그래서 초콜릿으로도 되는구나 싶었죠.

Q. 어떻게 했더니 잘 팔리게 되었나요?

처음에는 시간이 없어서 다양한 종류를 만들지 못하고 한 가지 종류
만 만들었어요. 예를 들자면 한 종류의 맛 100개를 프리마켓에 준비
해 갔습니다. 그러다가 상품구성의 다양화가 필요한 것을 깨닫고 서
로 다른 맛 5종류를 20개씩 가져가게 되었어요. 그러면 사람마다 다
른 반응을 보여요. 한 가지를 많이 하기보다는 여러 가지 구성으로 다
양하게 하면, 하나만 사는 것이 아니라 다른 것도 구매하게 되는 거죠.
또다른 중요한 것은 초콜릿 시식 샘플입니다. 샘플을 맛보게 해 드
리면 더 좋아하세요. 그래서 지금 매장에도 다양한 맛을 맛보실 수
있도록 샘플을 준비해두었고요. 아이디어스에서도 샘플을 신청하
시면 맛보실 수 있게 준비하고 있어요.

Q. 공방은 어떻게 내시게 된 거예요?

처음엔 카페 일과 병행하며 시작했어요. 오전에는 카페에서 일하다
가 주말에는 프리마켓에 나가서 판매를 했습니다. 그러다 보니 나만
의 공방을 만들고 싶다는 생각을 하게 됐어요.
그래서 원래 일하던 카페 외에 또 다른 카페에서도 일하면서 돈을
모았어요. 그 외의 자본금은 프리마켓에 다니면서 모았어요. 프리마
켓에 매번 나가니까 찾아주시는 분들이 많아졌죠. 여름엔 못 나가

니까 8~9개월 정도 바짝 돈을 모았어요. 그렇게 모은 자본금 2,000
만 원 정도로 빠듯하게 공방을 차렸습니다.

품질은 최고의 서비스

Q. 작품 설명에서 진짜 초콜릿을 여러 번 언급하셨는데,
   진짜 초콜릿이 도대체 무엇인가요?

저희가 파는 초콜릿은 모두 진짜 초콜릿이에요. 초콜릿을 간단하게
분류하자면 초콜릿, 준초콜릿으로 나눌 수 있습니다.

카카오 버터가 일정 수준 이상 포함된 것을 초콜릿이라고 하는데,
저는 이해하기 쉽게 이것을 진짜 초콜릿이라고 부릅니다. 흔히 마트
에서 저렴하게 구매할 수 있는 준초콜릿은 초콜릿의 주성분인 카카
오 버터를 팜유 등의 식물성 유지로 대체해서 만든 것입니다.

이렇게 초콜릿을 만드는 원료가 달라지면 순수 원가부터 달라져요.
진짜 초콜릿과 준초콜릿의 원가는 최소 5배 정도 차이가 납니다. 또
한, 준초콜릿은 녹인 후에 바로 사용할 수 있고, 진짜 초콜릿은 템퍼
링이라는 전문 과정을 거치고 나서야 사용할 수 있어요. 그래서 이
두 가지는 인건비 자체가 다르고 진짜 초콜릿은 비쌀 수밖에 없어요.

Q. 여러 초콜릿을 모두 경험해 보시고 원가나 노동비
   등을 아셨을 텐데도 준초콜릿이나 초콜릿 가공품
   이 아닌 초콜릿을 선택한 이유가 있나요?

사실 초콜릿에 관심이 없는 분들은 맛의 차이를 모르실 수 있어요.
'초콜릿이 그냥 초콜릿이지' 하고 생각하실 수 있죠. 그런데 진짜 초
콜릿을 드셔보신 분, 초콜릿을 좋아하시는 분들은 알아요.
대개 장식용으로 사용하는 초콜릿 색소라는 것이 있는데, 저희는 색
소를 안 쓰고, 식물성 크림이 들어간 준초콜릿도 안 쓰고, 전사지도
색소로 만든 거라서 안 씁니다. 물론 한두 개 먹는다고 해서 몸에 안
좋은 건 아니지만 아예 안 쓰는 거죠. 이는 고객분들께 진짜 초콜릿
의 맛을 보여드리고 싶기 때문이에요.

Q. 그럼 일반 초콜릿보다는 가격이 높을 수밖에 없잖
   아요. 그 점에 대해서는 고민이 없었나요?

저는 항상 제작자 입장과 구매자 입장을 같이 고민해봐요. 사실 원
가 문제 때문에 초콜릿 가격이 높아질 수밖에 없는데, 소비자 입장
으로 생각했을 때 가격이 너무 비싸진 않을까 하는 점이 항상 고민
이에요. 그래서 제가 소비자 입장에서 이 정도면 사 먹겠다는 가격
으로 정해요. 이번에 생초콜릿을 출시했는데 이 작품은 생산력을 갖
추기가 어려워요. 그래서 자영업자들이 판매하는 평균 금액이 1만 2

천~1만 원 후반대 정도입니다. 근데 저흰 9천~1만 원으로 가격을 정했어요. 소비자 입장에서 이 정도면 괜찮겠다는 판단으로 가격을 정한 거지요. 역시 수익이 많이 남진 않아요.

Q. 가격 뿐만 아니라 레시피 역시 고객의 취향을 잘 반영하고 계신 것 같아요. 어떻게 이런 결정을 하게 되었나요?

맛이라는 것이 주관적이잖아요. 그런데 여러 명에게 같은 피드백을 받게 되면 수정해야 하죠. 처음엔 제 기준대로 레시피를 만듭니다. 그 이후 피드백을 받는데, 예를 들어 좀 더 부드럽게 해달라는 문의가 일정 수준 이상 오면 그 의견을 곧바로 반영합니다. 그게 제일 대중적이지 않을까 생각해요. 사실 제가 좋아하는 맛도 있는데, 판매하는 초콜릿은 대중이 좋아하는 맛이어야 한다고 생각해요.

그래서 처음에 레시피 만들 때만 제가 좋아하는 맛으로 나오고 점차 피드백을 반영해서 고객이 좋아하는 방향으로 만들어요. 사람마다 입맛이 다르기 때문에 제가 원하는 맛만 고집할 수는 없다고 생각해요. 예를 들면 아망드 초콜릿이 처음 생산되었을 때는 레시피가 지금과 달랐어요. 그런데 만들어서 판매하다 보니 고객분들이 구매 후기로 의견을 올려주세요. 이러한 피드백들을 취합하고 적용하여 지금의 아망드 초콜릿이 되었습니다. 레시피가 조금씩 발전한 거예요.

Q. 지금 판매하는 것 중에는 모두 가격도 잘 맞고 작품성도 어느 정도 있는 것만 남아 있나요?

아니요. 사실 그렇진 않아요. 예를 들면 아망드 쇼콜라가 6천 원인데, 6천 원짜리 초콜릿은 마진이 거의 남지 않습니다. 고객들이 가끔 20~30개 주문하시면서 어느 정도 할인되는지 여쭤보시는데, 아망드 쇼콜라는 그렇게 주문하셔도 순수익이 만 원도 안 남아요. 그래도 문의해주시면 서비스도 더 넣어드리고 그러죠. 하지만 이윤이 적더라도 가격은 유지하려고 해요. 제가 한 번 더 움직이면 되니까요.

신메뉴에 대한 여러 가지 실험을 하면서 '이런 것도 있으면 좋지 않을까?' 해서 만들게 된 것이 딸기 초콜릿이에요. 그런데 이 작품은 제가 원하는 대로 초콜릿을 만들어 팔면 금액대가 너무 높아집니다. 그래서 시판하지 않고 있어요. 제가 원하는 김보람 초콜릿은 누구나 다 즐길 수 있는 초콜릿이기 때문에 이를 위해서는 가격대를 최대한 낮춰야 한다고 생각하기 때문이에요.

Q. 초콜릿을 여러 종류 만드는 팁은 무엇인가요?

사실 초콜릿 종류가 상당히 많지만, 그중에서 많이, 빠르게 만들 수 있는 종류로 한정해서 만들고 있습니다. 많이, 빠르게 만들 수 있어야 단가가 줄어서 가격을 맞출 수 있어요. 진짜 초콜릿을 쓰되, 단가를 조절할 수 있는 작품 위주로 선정하는 것이 팁입니다.

진짜 초콜릿을 쓰되, 단가를 조절할 수 있는 작품 위주로 선정하는 것이 팁입니다.

Q. 작품을 만드는 것 외에 집중했던 포인트는?

초콜릿 만드는 데 시간을 많이 쏟아야 합니다. 다른 것들은 하다 보면 따라오는 것 같아요. 만약 전체 업무를 10이라고 한다면 5 이상은 초콜릿 만드는 일이고, 나머지는 가격 비교하고 시장 다녀오는 일들이죠.

발주 넣을 때는 조금이라도 저렴하게 공급하기 위해서 계속 알아봅니다. 거래처는 정해져 있지만, 꾸준히 더 저렴한 곳을 찾고 있습니다. 그리고 초콜릿을 소개하는 상세페이지도 만들고, 판매 채널도 늘리고, 사진 촬영도 합니다. 사진이 정말 중요해요.

공방에서 청소하는 모습까지 고객에게 알린다.

Q. 온라인으로 식품을 판매하는 일이 쉽지는 않을 것
   같은데, 특히 직접 관리할 수 없는 배송 과정 중에
   발생한 문제는 어떻게 대처하시나요?

고객님이 아이스박스를 깨진 채 받아도 제 책임이라고 생각해요. 박
스를 받자마자 '아 여기다, 역시 김보람 초콜릿이다'라고 느끼시도
록 하고 싶어요. 이를 위해서 상자도 쉽게 부서지지 않도록 튼튼한
새 상자를 써요.

TMI :

Too Much Information의 약자로 지나치게 많은 정보 제공을 의미한다. 군이 알아야할 필요가
없는 내용까지 정보 제공을 받는 경우 사용 된다.

고객님이 아이스박스를 깨진 채 받아도 제 책임이라고 생각해요. 박
스를 받자마자 '아 여기다, 역시 김보람 초콜릿이다'라고 느끼시도
록 하고 싶어요. 이를 위해서 상자도 쉽게 부서지지 않도록 튼튼한
새 상자를 써요.

기본 택배비가 2,500~3,000원인데, 아이스박스는 식품으로 분류해
서 택배사에서 더 비싸게 취급하거든요. 게다가 아이스박스값만
1,200원에서 2,000원까지도 가요. 거기에 아이스팩도 넣어야 하죠.
고객님들이 결제하시는 배송비는 3800원에서 4000원 정도지만, 실
제로 배송에 드는 금액은 이를 초과하는 거죠.

배송비가 많이 들지만, 더욱 배송에 신경쓰려고 해요. 간혹 배송 중에 상자가 망가지는 경우도 있어요. 그렇게 깨졌다고 해도, 기사님 책임이라기보다는 제 책임이라고 생각해요. 김보람 초콜릿을 찾아주신 거니까, 최대한 고객분들이 원하는 방향으로, 최대한 만족하실 수 있도록 해야 한다고 생각해요.

언젠가는 택배 상자가 망가진 채로 배송을 받은 고객님이 연락을 주셨어요.

고객님이 저에게 말씀하시고 반품처리 해 주신 택배 상자를 받았는데, 누군가 망가진 택배 상자에 비닐 테이프를 돌돌 말아서 배송을 했더라고요. 그런 상태인 것을 확인하고 나서 정말 죄송한 마음이 들었습니다.

그래서 걱정되고 죄송한 마음에 포스팅을 올렸습니다. 혹시 이렇게 받은 분들이 있다면 전적으로 제 책임이고 모두 새로 보내드릴 테니 꼭 연락주시라고요. 그런데 포스팅 댓글에 배상하라고 하시기보다 오히려 이해해 주시고 괜찮다고 말씀해 주시는 피드백이 많아서 정말 감사했습니다.

Q. 연 매출은 어떻게 되시나요?

연 매출은 4억 원이고, 직원은 7명이에요. 제작은 저 포함 3명이 맡고 있으며, 다른 분들은 포장, 택배 발송, 고객 응대를 도와주세요. 기본적인 응대는 제가 거의 다 하는데, 응대가 많은 경우 단순 문의 정도는 직원들이 해주고 있어요.

Q. 공방을 시작하면서 가장 큰 고민은 무엇이었나요?

공방을 시작하면서 가격에 대해서 고민을 많이 했습니다. 매출이 어느 정도 나와야 택배 분실 건을 메우고 가겟세도 낼 수 있죠. 전기온수기 같은 시설도 만들고 직원도 두었기 때문에 처음엔 돈 들어갈 곳이 많았어요. 막상 공방 차리고 나서 느낀 점은, 원래 생각한 만큼만 팔아서는 이윤이 남지 않는다는 거였어요. 그래서 가격 설정에 대해서도 더 고민하게 되었습니다.

Q. 원데이 클래스도 하셨던 것도 같은 고민에서 시작된 걸까요?

연 매출이 4억 원이라고 해도, 초콜릿 판매만 해선 수익이 잘 안 나요. 순수익을 들으시면 놀라실 거예요. 그런데 원데이 클래스를 하게 되면 일정 금액 이상 받았을 때 남는 순수익이 달라집니다. 하지만 제가 너무 많이 챙겨드리다 보니 지금은 일시 중지했어요. 찾아와 주시는데 더 챙겨 드려야지 하는 마음이 들어서 어쩔 수가 없더라고요. 클래스를 운영하려면 어느 정도 냉정해야 하는 것 같아요. 가르쳐 드리는 것도 딱 기준을 정할 필요가 있어요.

Q. 초콜릿을 만들기 전과 후 지금의 자신을 비교한다면?

초콜릿을 만들고 공방을 차리고 시작하면서 꿈이 생기기 시작했어요. 그 전에는 사실 딱히 꿈이 없었어요. 지금은 첫 번째로 김보람 공장을 짓고 싶어요. 건물주가 되고 싶은 게 아니고요. '김보람 초콜릿'이라는 이름을 그대로 따서 디자인한 공장을 짓고 싶어요. 멀리서 봐도 김보람 초콜릿 공장이라는 걸 알 수 있는 공장이요.

두 번째로는 대한민국 사람들이 초콜릿을 생각하면 김보람 초콜릿이 가장 먼저 떠오르게 하고 싶어요. 우리가 피겨 스케이팅하면 김연아 선수를 떠올리듯이, 초콜릿 하면 김보람이라는 이름이 떠올랐으면 해요.

고은재

매출	연 5억 원대
직원 수	4명
취급 작품 카테고리	비누
시작	2007년
해시태그	#10년묵히는비누 #일본중국진출

지금은 하나의 과정이에요.
이제야 지구상에 나오는
식물성 오일은
거의 다 접해본 것 같습니다.
비누에 대해
조금 눈을 뜬 것 같아요.

소개 글

북미 호피 원주민들의 기우제에 대해서 들어보신 적이 있나요? 이 원주민들은 비가 올 때까지 기우제를 계속한다고 해요. 그래서 성공률이 100%라는 이야기입니다.

비가 올지 말지는 사실 자연의 영역입니다. 아무리 빌고 또 빌어도 자연의 과학적인 이치에 맞지 않는다면 비는 오지 않습니다. 하지만 비가 오지 않는 메마르고 뜨거운 사막 위에서 이들은 춤을 추고 노래를 하며, 본인들이 할 수 있는 최선의 노력을 다해 척박한 현실을 버티고 견뎌냅니다. 그런 이들에게 마침내 내린 비는 더욱 달콤한 결실이었을 겁니다.

이번에 만나 볼 작가님의 인생에도 고된 가뭄과 같은 굴곡이 여러 번 있었습니다. 건축 일의 실패, 50에 가까운 나이에 새로 일궈낸 비누 사업에서 일어난 상표 도난까지. 하지만 작가님은 실패와 좌절 속에서 머무르는 대신, 최선을 다해 꾸준히 새로운 도전을 거듭하길 선택했습니다. 촉촉이 땅을 적시는 단비가 내릴 때까지, 지금도 새로운 도전을 멈추지 않는 고은재 작가님을 만나 이야기를 나눠보았습니다.

제 비누에 대해 자신감이 있었어요.

실패한 건축가에서 성공한 비누장이로

Q. 작가님에 대해 간단히 소개해주세요!

허브 향이 좋아서 허브 향과 함께 살고 있는 고은재입니다.

Q. 어떻게 비누를 만들게 되셨어요?

저는 건축을 전공하고 건축 일을 해왔어요. 그러다 사업이 너무 안
돼서 그만두게 되었어요. 당시에 타격을 너무 크게 입었죠. 그 무렵
머리를 식히러 허브 농장에 갔다가 처음 허브를 보고 홀딱 반했어요.
그때가 47살쯤이었어요. 그 나이 되도록 건축일만 하다가 허브라는
것을 처음 접하게 된 거죠. 그때 처음 만났던 허브가 라벤더예요.
허브를 가지고 사업적으로 할 수 있는 게 뭘까 조사해 보니 화장품,
의약품 등 여러 분야가 나왔어요. 그중 비누가 제일 손쉽겠더군요.
12~13년 전만 하더라도 화장품은 시설이나 허가받기가 까다로웠어
요. 비누가 제일 쉽겠다는 생각으로 비누에 대해 조사하면서 시리아
의 비누가 제일 유명하다는 사실을 알게 되었죠.

Q. 시리아의 비누가 왜 유명한가요?

시리아의 알레포 자나빌리라는 올리브 오일 100% 비누가 있어요. 그 비누가 기본적으로 3년 정도 묵혀 나와요. 5년 묵힌 것도 있고요. 8년 묵힌 것도 있다는데 소문만 들었어요. 조사를 더 해보니 시리아에서 만들어지는 비누는 고온 저습한 기후 조건에서 만들어져요. 비누를 3~5년 묵히기가 딱 좋은 거죠.

시리아 비누를 구입해서 써보니까 그때까지 만들었던 비누보다 사용감도 더 좋더라고요. 일반적으로 비누 만들 때 올리브 오일, 팜 오일, 카놀라 오일, 코코넛 오일 등을 블렌딩해서 만들거든요. 근데 시리아의 비누는 100% 올리브 오일을 사용해 오랜 시간 묵혀 만든 거죠. 그 비누가 제 롤모델이었어요. 그래서 저도 3~5년을 묵혀보자고 마음을 먹게 된 거죠.

Q. 한국에서 비누를 묵히기 쉽지 않았을 것 같아요.

네. 3~5년 묵히려면 조건이 갖춰져야 해요. 집에서 먹는 식물성 오일들도 햇빛을 차단하기 위해서 차광 병(빛을 차단하는 색이 들어간 병)에 들어가 있잖아요. 비누도 마찬가지인 거죠. 식물성 오일을 넣어 만든 비누를 보관하려면 빛을 차단하고 습기를 조절해야 해야 해요. 그런데 그런 방식으로는 우리나라 여름 장마 기간에는 보관이 어려워요.

이후 별의별 방법을 다 해봤죠. 조롱박에도 비누 액을 넣어도 봤고
요. 나무를 잘라서 해볼까 생각하기도 하고요.밀폐 방법도 가장 자연
적인 소재에서 찾으려고 했어요.

그렇게 최적의 조건을 찾다가 대나무를 떠올렸어요. 대나무 속이 비
어있으니 안에 비누 액을 넣어서 보관하면 좋겠다고 생각한 거죠. 한
지로 뚜껑을 만들고요.

근데 대나무 보관이 너무 힘들더군요. 특히 여름에는 대나무 통 밑
에 곰팡이가 잘 펴요. 곰팡이 때문에 처음엔 스트레스를 많이 받았
죠. 저희 작업실이 총 100평인데 다 곰팡이 폈다고 생각해보세요. 얼
마나 스트레스 받겠어요. 대나무 습기를 없애는 방법, 보관 방법 등
을 보완하면서 다시 비누를 만들기 시작했어요. 2007년부터 대나무
통 작업을 했는데, 첫해 여름에 만든 건 다 썩었어요. 그해 겨울에 냄
새를 맡아보니까 산패된 기름 냄새가 나더라고요. 여름 습기와 대나
무 통 처리 문제가 해결되지 않았던 거죠. 대나무 통을 소금물에 삶
고, 황토 칠을 하거나, 일정 시간 건조시켜야 하는 등 일련의 처리 과
정이 필요한데, 처음엔 그런 걸 모르고 그냥 비누 액을 부어서 보관
했더니 썩어버린 거죠.

하지만 2007년 겨울에 만든 것은 아직도 살아 있어요. 2~3년 동안
은 용기가 제일 큰 고민거리였어요. 대나무 통을 찾고 앞서 말한 여
러 시행착오를 거치면서 코르크 마개를 사용하는 방법을 생각해 냈
어요. 지금은 코르크 마개를 이용한 비누 용기에 대한 특허를 가지게
되었습니다.

고은재 작가님의 대나무통

Q. 초창기 3년 정도 대나무 통 비누를 실험하면서 수
   입이 없던 시기가 있었을 것 같아요. 그땐 어떻게
   하셨어요?

제가 만든 것 중에 이렇게 최소 3~5년 길게는 10년 묵힌 비누도 있지
만, 또 묵히지 않는 비누도 있어요. 작품 종류를 다양하게 한 거죠.
발효가 긴 작품이 있고, 바로 사용할 수 있는 작품이 있어요.

해외 진출 실패, 온라인 시장의 스타로 떠오르다

Q. 일본 진출은 어떻게 시작하게 되셨나요?

운이 좋았어요. 저는 고향이 서울인데 주 활동은 부산에서 했어요.
부산에서 건축 활동을 하다가 망하고 비누를 시작했거든요. 부산은
일본과 가까운 지리적 특성이 있어서 일본인들이 많이 넘어와요. 그
래서 부산엔 일본인들이 많이 활동하는 거리가 있어요. 그 거리에서
비누가게를 처음 시작했어요. 유동인구가 많은 곳이고, 비누에 대해
서 제대로 평가를 받아보고 싶어서요. 당시 우리나라 사람 중엔 단
가가 비싸다 보니 이 비누를 별로라고 생각하는 사람들도 있었거든
요. 그런데 일본 사람들은 향이 좋으니까 지나가다가 들어오고, 구
매 단가가 높아도 사더군요.
이후에 쌈지길을 알게 됐어요. 이 비누가 어느 정도 수준인지, 사업

의 성공 가능성은 있는지 등을 평가받고 싶었어요. 그러고 나면 사업의 기준을 빨리 잡을 수 있을 것으로 생각했거든요. 그래서 2010년 6월 1일 쌈지길에 입점했습니다. 사실 7~8월까지는 잘 모르겠더라고요. 되는 것도 아니고 안 되는 것도 아니고, 헷갈릴 정도였어요.

그러다가 8월에 일본 잡지사 몇 군데에서 취재를 해 갔어요. 이후 주간 조선에서 취재를 했고요. 주간 조선 잡지가 아시아나 항공에 들어갔나 봐요. 그 기사를 보고 8월 말 9월 초에 일본 방송국인 NHK에서 촬영을 해 갔어요. 단순히 매장을 촬영해 간 것이 아니고 제조 과정이 나오는 공방을 촬영하고 싶다고 하더라고요. 대나무 통 비누가 특이하니까 만드는 과정을 궁금해한 거죠. 촬영한 내용이 일본에서 방영이 되고서, 완전 대박을 쳤어요. 쌈지길 마당에서 일본 사람들이 바구니를 들고 줄을 서서 비누를 사 갔습니다. NHK 방송 후에 후지TV에서 또 촬영을 해 갔어요. 매출이 한 달에 5~7억 원 정도 나왔어요.

그때 일본에서 파트너가 직접 찾아와서 일본 총판을 달라고 했어요. 그렇게 일본에서 비즈니스를 시작하게 되었죠. 근데 그 사람이 약속을 안 지키는 거예요. 제가 원하는 도시 5개에 매장을 내면 인터넷 판매권을 준다는 옵션이 있었는데 그쪽에서 약속을 어겼어요. 그래서 일본과의 비즈니스는 끝이 났습니다. 이후 중국 진출에 도전했어요. 이후에는 이탈리아에 가게를 내려다가 여의치 않아서 하지 못했죠.

Q. 상표권에 대한 이슈가 있었다고 알고 있어요.

처음에는 '수수헌'이라는 이름으로 했었어요. 손으로만 만드는 집이라는 뜻이에요. 일본에도 수수헌으로 소문이 난 후에 진출을 했었죠. 그땐 수수헌이라는 상표를 사용한 지 5년이 넘은 시점이었는데, 사업적으로 잘 모를 때였어요. 일본에 수수헌이라는 이름으로 상표를 등록하려고 했는데, 불과 1년 전에 누군가 먼저 등록한 걸 알게 된 거죠.

상표 사냥꾼이 미리 상표를 등록한 거였어요. 그때 당시만 하더라도 상표 등록하는데 15만 원~20만 원이면 가능했으니까요. 그 상표 사냥꾼에게 30배 넘는 금액을 줄 테니까 상표를 돌려달라고 했어요. 그랬더니 돈을 더 달라는 의미로 말을 길게 끌더라고요. 그래서 '수수헌'이란 이름을 포기하고 '고은재'란 이름을 새로 지어서 시작하게 되었어요. '오래될 고'에 '향기 은'자를 써서 '오래된 향기가 있는 집'이라는 뜻이에요.

Q. 새로운 나라에 도전한다는 게 정말 쉬운 일이 아닌 것 같은데, 그렇게 하실 수 있었던 원동력은 어떤 거라고 생각하세요?

제 비누에 대해 자신감이 있었어요. NHK에서 증명을 해줬으니까 자신감을 갖게 된 거죠. 이걸 계속해 나가면 자식이 대를 이어서 할 수 있는 일이 될 수 있겠구나. 3~5년이 아니고 30~50년 묵힌 와인처럼 될 수 있겠다 하고 생각한 거죠.

Q. 중국은 한 번 진출했다가 지금은 나오신 건가요?

네. 중국은 정말 힘들어요. 법규 문제도 문제지만, 카피가 더 큰 문제였어요. 상해 박람회랑 미용 박람회, 북경 박람회에 나갔고 텐진에 직접 사무실을 냈어요. 그래도 중국은 하나만 잘 되면 일본 매출과는 비교가 안 된다고 생각했으니까요. 그런데 대나무 통 가지고 들어가자마자 다 카피를 해버리더군요. 여러 가지로 신경을 썼는데도 카피가 나왔어요.

두 번째 어려운 점은 '타오바오'였어요. 타오바오(중국 대형 온라인 쇼핑몰)를 뚫기가 정말 힘들더라고요. 입점은 했는데 활동을 하는 것이 쉽지 않았어요. 그래서 중국에는 2013년쯤에 들어갔다가 2016년에 철수했어요. 많이 투자했지만 결국은 까먹고 나왔죠. 그리고 그렇게 한국에 돌아왔을 때 아이디어스에서 입점 제안이 왔어요.

Q. 온라인 판매로 다시 재기를 꿈꾸셨군요?

그때까지만 해도 인터넷 판매에 부정적이었어요. 세대가 세대이니만큼 '그게 되겠나' 싶었던 거죠. 그전까지만 하더라도 인터넷 판매라고 하면 옥션이나 11번가를 찾잖아요. 수제 비누나 핸드메이드 작가들은 그렇게 가격으로 싸움을 하는 곳에서는 이길 수 없어요. 시간과 노력이 많이 들어가기 때문에 공장에서 생산되는 상품의 단가를 이길 수가 없어요. 그래서 아이디어스 듣고 처음엔 '또 뭐야?'하는 생각이 들었어요. 근데 아이디어스가 막걸리 비누로 한번 마케팅을 해 보자고 제안하셨고, 들어가자마자 막걸리 비누로 대박을 쳤죠.

아이디어스에 들어가자마자 막걸리 비누로 대박을 쳤죠.

Q. 막걸리 비누가 뭔가요?

막걸리 비누는 막걸리와 누룩 파우더로 만드는 거예요. 비누를 만드는 데 있어서 기본적인 원재료가 식물성 오일, 가성소다, 물이에요. 가성소다와 물을 합친 후에 식물성 오일을 만나게 하면 비누가 탄생하게 되죠. 그런데 막걸리 비누는 막걸리에 가성 소다를 녹여서 오

아이디어스에 들어가자마자 막걸리 비누로 대박을 쳤죠.

일을 넣어 만드는 거예요. 당시에 한참 막걸리가 유행이었거든요.
와인 비누가 그런 식으로 만들어지길래, 막걸리로 비누를 만들어야
겠다고 생각했어요.

한지를 활용한 고은재만의 독특한 패키지

Q. 고은재 팬들은 티켓팅하듯이 사더라고요.

고은재 팬들이 티켓팅하듯 기대하고 기다리고 구매하는 건 아마도 대나무 통 비누 때문이 아닐까 싶어요. 십 년 넘은 비누고, 실제로 써보면 일반 비누와도 다르죠. 너무 좋아요. 막 만들어진 비누와 오랜 시간 묵힌 비누는 달라요. 엄청 순하고, 사용감이 달라요. 이때 올린 작품들이 한정판 이었어요. 한정판 작품은 고객이 많이 기다리기도 하고, 제가 가격을 많이 낮춰서 내놓아서 반응이 좋았어요.

아이디어스 스토리에 이런 비누들을 소개할 때마다 몇 시에 올릴지 공지를 올렸어요. 그랬더니 매출이 확 오르더라고요. 대기자들이 엄청 기다리고 있었던 거죠. 작품 판매 페이지를 올리면 일시에 주문이 확 몰리면서 순식간에 다 팔리고 끝나요. 이런 판매가 한두 번은 재밌지만, 연속적으로 이어지면 힘들어요. 내일은 어떤 물건을 올려야 할지 스트레스받게 되거든요. 아이디어스는 잘 활용하면 엄청나게 좋은 반면, 동시에 엄청나게 열심히 해야지 매출을 올릴 수 있는 것 같아요.

Q. 스토리에도 작품에 대한 글을 상세하게 잘 써주시더라고요.

저는 사실 그런 거 정말 젬병이에요. 그래도 아이디어스에서 활동을 하려면 무엇을 어떻게 하면 좋을까 생각했죠. 그때 당시에는 아이디어스 고객들에게 고은재를 알리기 위한 수단으로 스토리가 눈에 딱 들어오더라고요. 그럼 스토리에 비누에 대해서 하나부터 열까지 쭉 정리를 해서 무엇이 좋은 비누인지 알게 해 드리자고 생각했죠. 그럼 비누를 사는 구매자도 비누에 대해서 알게 되고, 그 후에는 어떤 기준을 가지고 살 수 있을 테니까요.

Q. 비누라는 것은 화장품처럼 개인차가 커서 클레임도 많을 것 같은데요, 클레임을 어떻게 해결하시나요?

클레임은 전체 주문 중 1~2% 정도 들어와요. 클레임이 들어오면 솔직하게 이야기해요. 아무리 좋은 성분으로 만든다고 해도 모든 고객의 피부에 맞지는 않을 수도 있다고 말씀드리고, 환불이나 교환을 해 드려요. 그게 제일 빠르고 편한 방법이죠.

악의적인 고객들이 있을 수도 있어요. 하지만 그분들에게도 "네" 하고 응대해요. 큰돈 아니니까, 환불하거나 교환해 드립니다. 더 큰 일이 많고, 할 일도 많은데 거기에 스트레스 받으면 안 돼요.

15년의 비결, 어디서도 볼 수 없었던 독특한 '비누'

Q. 고은재로 15년 동안 활동해 오고 계세요. 15년 동안
   하시면서 고수하고자 했던 원칙이 있을까요?

최상의 재료를 선택하자는 원칙이 있어요. 아이디어스의 작가라면
대부분 그렇게 생각할 거예요. 어떤 작품을 만들었는데 마음에 안
차는 재료가 들어가면 찜찜해서 못 견뎌요. 자꾸 목에 걸려 있거든
요. 저라고 인공 향 안 써봤겠어요? 저도 유혹에 넘어가서 안 좋은
비누도 만들어 봤어요. 근데 막상 해보면 못 견뎌요. 그런 건 다 버
려야 속 시원해요. 그리고 다시는 그렇게 만들지 않아요. 인공 향이
들어간 건 내 딸에게 못 주겠더라고요. 피부에 안 좋은 거잖아요. 딸
에게 못 주는 걸 고객에게 어떻게 주나요. 나중에 그 비판을 어떻게
감당하려고요.

지금은 알레포 자나빌리 비누보다 품질이 훨씬 좋은 오일을 쓰고 있
어요. 기본 재료인 올리브 오일 외에 더 특이하고 특화된 오일들도
사용하고 있죠. 예를 들면 햄프씨드 오일이 있는데 올리브 오일 가
격의 4~5배 정도로 비싸요. 또 가격이나 품질은 좀 떨어지지만, 희
귀한 오일들이 있어요. 예를 들면 체리씨드 오일이죠. 가격은 햄프
씨드 오일보다는 낮지만 흔한 오일이 아니에요. 그런 오일로 비누를
만들어 보는 거예요.

오일도 비정제 오일이 있고 정제 오일이 있어요. 비정제 오일은 정

제를 하지 않으니까 오일의 영양 성분이 굉장히 높아요. 특유의 향
도 있습니다. 예를 들면 로즈힙 오일로 만들면 로즈힙 냄새가 나요.
햄프씨드는 또 다른 독특한 냄새가 있어요.

근데 화장품 회사에서는 이런 오일을 쓰기가 쉽지 않아요. 자체적인
향이 있기도 하고, 비정제 오일이다 보니 유통기한도 길어야 6개월
정도로 짧은 편입니다. 그러니 화장품 회사에서는 산패되지 않게 정
제도 하고 보존제를 넣는 등의 과정을 거쳐서 필요한 오일로 만들어
요. 유통기한도 길어지고 성분이 안 좋아질 수가 있죠. 가공 과정을
더 거친 정제 오일보다 비정제 오일이 더 비싸요. 손 안 댄 비정제
오일은 구하기 힘들거든요.

비정제 오일로 계속 비누를 만들고 싶다는 욕심이 있어요. 작업을
해 나가면서 더 좋은 재료를 사용하고 더욱더 좋은 비누를 만들고
싶어요. 새로운 오일, 접하지 못한 오일로 만들어 보고 싶기도 하고
요. 지금은 알레포 자나빌리 비누는 뛰어넘은 것 같아요.

지금은 알레포 자나빌리 비누는 뛰어넘은 것 같아요.

Q. 15년이라고 하면 굉장히 이미 많은 걸 이루신 것 같 다고 생각 하는데, 정말 길게 멀리 보시는 것 같아요.

아무래도 긴 게 좋지요. 느리게 가는 게 좋고요. 지금 12년 정도 숙성 된 비누가 있지만, 20년에 비하면 아무것도 아닙니다. 지금은 하나 의 과정이에요. 이제야 지구상에 나오는 식물성 오일은 거의 다 접 해보았으니 비로소 비누에 대해 조금 눈을 뜬 것 같아요.

Q. 작가님의 계획이나 꿈이 있다면 무엇인가요?

다시 진출한다면 한국 지점을 기반으로 일본에 직접 진출할 계획입 니다. 비누를 커피숍에서 커피 만들듯이 만들 수 있거든요. 커피숍 에서 원두와 우유를 선택하듯이 비누에 들어갈 천연 향과 여러 종류 의 식물성 오일을 비치해두고 손님이 원하는 만큼 재료를 넣고 좋아 하는 향을 직접 맡아가면서 비누를 만들 수 있어요. 그게 커피 한잔 마실 수 있는 시간이면 가능하거든요. 틀림없이 하면 된다는 자신감 이 있어요.

스토킹이라는 말은 좀 자극적이죠. 짝사랑이나 관심과 같은 아름다운 말도 있을 텐데, 왜 하필 '스토킹'이냐고요?

그러나 고객을 끌어오고 싶은 모든 분들이라면 한 번쯤 고객을 스토킹해 보실 필요가 있다고 말씀드리고 싶어요.

이번에 소개해 드릴 세 명의 작가님들은 더 많은 고객을, 더 많이 만족시키기 위해 틈만 나면 고객에게 직접 묻고 답을 구했습니다. 작품을 기획하고, 제작하고, 다듬고, 판매하고, 고객이 사용하게 된 이후까지도 고객을 찾아 의견을 구했습니다. 그저 바라만 보는 짝사랑은 절대 할 수 없는 일이죠.

그리고 고객은 마침내 이들의 질문에 답하기 시작했습니다. 이제 이들의 작품은 고객들의 많은 사랑과 관심을 받고 있습니다. 건전하고 성공적인 고객 스토킹을 이뤄낸 세 명의 작가님을 만나봅니다.

- 바인즈 #오더메이드 #커스터마이징

- 어니스트쥬디 #1:1상담 #선물포장 #사진의 중요성

- 디자인낙타 #고객에게질문하기 #블로거찾아가기 #직접발로뛰기

바인즈

#오더메이드 #커스터마이징

바인즈

매출	연평균 2억 원 미만
직원 수	부부 작가 외 2명
취급 작품 카테고리	핸드메이드 방향제
시작	2014년 3월
해시태그	#오더메이드 #커스터마이징

고객이 원하는 걸 최대한
반영한다는 것이 가장
중요한 원칙이에요.

#오더메이드 #커스터마이징

소개 글

이름이나 전화번호는 보통 일방적으로 부여받는 경우가 많습니다. 그럼에도 우리는 대부분 그 글자들과 번호들을 좋아하게 됩니다. 우리 한 사람 한 사람을 부르고 구분하는 특별한 표지이기 때문입니다.

그런 고객 한 사람 한 사람의 특별함을 브랜드의 특별함으로 바꾼 수제 석고방향제 전문 브랜드 바인즈 작가님을 만났습니다. 작가님의 대표 작품은 석고로 만든 차량용 전화번호 방향제입니다. 완벽히 고객의 정보와 요구에 맞추어 커스터마이징 되는 작품이죠. 유연한 사고와 열린 마음으로 고객의 마음을 사로잡은 바인즈 작가님의 이야기를 들어보았습니다.

캘리그라피로 시작해서 캘리 방향제를 만들면서 방향제가 주 작품이 되었습니다.

Q. 작가님에 대해 간단히 소개해주세요!

주문제작 방향제를 제작하고 있는 바인즈의 송빛나입니다.
지금 포토 방향제, 주차 번호판 방향제가 메인 상품입니다.

Q. 이 사업을 시작하신 지는 얼마나 되셨나요?

2014년 3월에 시작해서 이제 5년 차가 됩니다.

Q. 제작하고 계신 작품에 대해 조금 더 설명해주세요.

처음에는 캘리그라피로 시작했는데 캘리 방향제를 만들게 되면서
방향제가 주 작품이 되었습니다. 캘리 석고방향제라는 것은 이미 있
었는데요, 사진을 넣으면 괜찮겠다는 생각이 들어서 포토 석고방향
제를 만들었습니다. 이후에 모양을 다듬어볼까 하는 생각을 하면서
나무 위에 숫자를 넣어도 좋을 것 같다는 생각을 했습니다. 그런 과
정을 거쳐 지금의 차량용 방향제를 만들었습니다.

Q. 차량용 방향제와 포토 방향제를 만들게 된 계기는 무엇인가요?

캘리 석고방향제만으로는 뭔가 부족하다고 생각해서, 포토 방향제를 만들었고 이후에 차량용 방향제까지 만들게 되었습니다. 포토 방향제 모양을 어떻게 예쁘게 만들지, 불편한 것을 어떻게 보완할지 고민하다가 툭 던진 생각이었습니다. 여기 숫자를 넣어보면 어떨까 하고요. 그런데 생각보다 모양이 괜찮았고, 주변 반응도 좋아서, 다듬고 다듬어서 지금의 형태가 되었어요.

불편한 것을 어떻게 보완할지 고민하다가 툭 던진 생각이었습니다.

가장 큰 원칙은 고객

Q. 처음 작품 제작을 시작하셨던 때와 현재를
   비교하여 가장 달라진 생각이 있다면 어떤 점인가요?

작품 활동을 하고 고객들과 소통하면서 저라는 사람 자체가 많이 바뀌었어요. 저도 처음에 캘리그라피로 시작했을 때는 작가로서 제 의견이 강했어요. 제 눈에 보기 좋으니까 '고객이 마음에 들면 구매하시겠지' 라는 생각이 굉장히 강했어요. 그런데 주문제작 상품을 만들면서 소통하다 보니까 사고가 많이 유연해졌죠. 서로 다른 의견을 많이 접하다 보니, 이런 의견을 포용하게 되고 마음이 넓어진 것 같아요.

Q. 작품 활동, 공방 운영에 있어 가장 중요한 작가님
   자신만의 원칙은?

고객이 원하는 걸 최대한 반영한다는 것이 가장 중요한 원칙이에요. 제 작품은 핸드메이드이면서도 오더메이드입니다. 고객이 원하는 사진 등의 중요 사항, 즉 커스텀이 무조건 포함되어야 완성되는 거죠. 상품의 전체적인 틀, 기본 골격은 있지만, 고객이 내용을 주셔야 완성이 됩니다. 예를 들면 차량용 방향제의 경우 전화번호가 필요하고, 포토 방향제의 경우는 고객님의 사진, 이름 등의 문구가 필요합니다. 이렇게 고객이 원하는 부분을 모두 반영하는 것이 원칙입니다. 오더메이드가 저희가 가진 강점이라고 생각해요.

Q. 아이디어스 스토리에서 패키지 변경에 대한 이유를 상세히 설명하고 고객의 의견을 잘 듣겠다는 소통 방식이 인상적이었습니다. 작가님께서 어떤 마음으로 고객 서비스를 풀어나가시는지 궁금합니다.

사실 선물 포장에 대해서도 피드백이 많았어요. 마음에 안 들면 다음에 안 사면 그만일 수 있어요. 그런데 이런 개선점들을 굳이 저희에게 이야기해주신다는 건, 이 작품이 마음에 들었지만 이러한 점이 불편하니 다음에 구매할 때는 개선해달라는 이야기예요. 이런 의견들을 흘려보낼 수가 없으니 고객의 의견을 놓치지 않고 빨리 대안을 마련하자는 주의입니다. 즉각 반영할 수 있는 부분도 있고 시간이 걸리는 부분도 있지만, 예로 말씀해 주신 선물 포장처럼 임시방편으로 대안을 제시해 드리고, 그 후에 개선점을 찾아 개선해나가는 거죠.

온라인으로 고객을 대하다 보니까 한계가 있어요. 그래서 아이디어스에서 스토리를 많이 활용하게 되었습니다. 사실 덤이나 가격 할인도 좋은 서비스지만, 저희는 고객과의 충분한 소통 역시 서비스에서 큰 부분을 차지한다고 생각하거든요. 고객 구매가 없으면 작품 만드는 의미가 없잖아요. 그리고 주문제작 상품이니 고객의 의견을 최대한 많이 반영해요.

Q. 방향제 제작에 사용하고 계신 소재의 성분을 전부
   공개하셔서 작품의 안전성을 확인해 주셨던 적이
   있었죠. 그렇게 대응하신 이유가 있나요?

소비자 입장으로 생각해요. 제가 소비자 입장이라면 물건을 살 때 많
은 정보를 찾아봐요. 이때 그 기업이 다양한 정보를 가감 없이 공개하
면 신뢰감이 생기죠. 저도 최대한 많은 정보를 제공해드리려고 해요.
고객들이 이를 통해 "아, 이 사람들이 나에게 단지 물건만 팔려는 게
아니라, 어떻게든 좋은 것들을 공유하고 내부의 사정을 솔직하게 이야
기해주는구나"라는 느낌을 받으면 좋을 것 같아요. 소비자 입장에서
생각하면 저희가 할 수 있는 일에는 이미 어느 정도 답이 있는 것 같아
요.

Q. 스토리 작성, 이벤트, 고객 응대는 직접 하시나요?

이벤트, 고객 응대, 스토리 작성은 대부분 저와 남편이 직접 합니다.
직원들이 있기는 하지만 이 부분은 저희가 직접 해야 한다고 생각해
요. 일이 바쁘다보니 고객 응대를 하다 보면 작업의 흐름이 끊기는 것
도 사실이에요. 하지만 공방 내에서 저희가 가장 큰 책임감을 가지고
있는 사람들이기 때문에 더욱 책임감 있게 응대할 수 있고, 보상해야
할 때도 고객님께 더 후하게 드릴 수 있어요.

많은 물건을 팔려면 많은 고객을 모아야 한다.

Q. 현재는 몇 분이 함께 일하시나요?

현재는 4명이 함께 일하고 있어요. 처음에 할 땐 둘이서 밤새워서 했어요. 5월처럼 주문이 많을 때는 회사에서 돗자리를 깔고 자면서 일했어요. 그래서 지금은 어떻게든 해결할 수 있다는 근성이나 자신감이 생겼어요. 요새는 누가 해도 괜찮은 작업, 즉 석고 작업이나 접착작업 등은 도와주는 친구들이 있습니다.

Q. 처음부터 이런 매출을 달성하지는 않으셨을 것 같아요. 이러한 매출을 끌어올리는 데 도움이 되었던 방법이나 사례가 있다면 소개해주실 수 있나요?

2018년도 아이디어스 매출이 1억 조금 넘었습니다. 아이디어스 말고 다른 곳 합산해도 2억이 채 안 될 거예요. 아이디어스가 저희 매출에 가장 큰 부분을 차지하고 있거든요. 처음 아이디어스 입점하고 6개월 정도는 매출이 없었습니다. 그런데 어느 날 갑자기 주문이 확 몰려오는 거예요. 이유를 알아보니 아이디어스의 첫 페이지 중 제일 먼저 보이는 추천작품 칸에 저희 작품이 노출되었던 거예요. 그 효과가 어마어마했어요. 노출되는 것이 가장 중요하다고 생각합니다. 그래서 후기 이벤트도 꾸준히 해요. 고객님들이 후기를 써주시면 실시간 후기 탭에 노출되는 것을 활용했습니다. 아이디어스 앱 내에서

#오더메이드 #커스터마이징

광고를 꾸준히 합니다. 초반에 아이디어스에 광고 올리는 비용이 900원으로 저렴했을 때엔 수시로 광고를 올렸어요. 사람들이 언제 많이 보는지 몰라서 저희 나름대로 인터넷을 많이 할 것으로 생각되는 출퇴근 시간대 위주로 올렸어요. 이후에 경매 방식으로 바뀌었을 때, 고객들이 인터넷을 많이 할 것으로 예상되는 시간에 집중적으로 광고했습니다. 또, 기념일 앞두고, 제작 기간을 염두에 두고 기념일 일주일 전쯤에 광고를 많이 했습니다.

총 얼마를 썼는지 정확히는 모르겠지만 광고비로 꽤 많이 썼어요. 저희에게는 아이디어스 광고가 가장 현실적이고 효과적이에요. 포털사이트나 기타 광고들은 사실 돈이 많이 들거든요. 그래서 아이디어스 광고가 현실적인 가격으로 자주 할 수 있고, 쉽게 할 수 있는 부분이 좋아요. 이미 만들었던 페이지가 그대로 노출되는 시스템이다 보니까 편한 점도 있고요.

Q. 마케팅 기획을 꾸준히 하시는 것 같아요. 평소에
   이런 것들을 진행하기 위해서 노력하시는 부분이
   따로 있으세요?

단순히 물건만 많이 파는 것으로는 성에 차지 않아요. 이 일을 계속
하려면 우리가 판매하는 것이 좋은 물건이고, 좋은 의미가 담겨 있
어야 한다고 생각해요. 그래서 정체성이나 옳은 방향에 대해 끊임없
이 생각합니다.

결과적으로 많은 물건을 팔려면 많은 고객이 모여야 하는데, 어떻게
하면 고객이 우릴 좋아하고 우리에게 시선을 돌릴지 고민을 합니다.
그러다 보니 이런저런 방법들을 끊임없이 생각하고 시도하게 되네요.

Claude Monet

Woman with a Parasol

어떻게 하면 고객이 우릴 좋아하고 우리에게 시선을 돌릴지 고민을 합니다.

Q. 요새 차량용 방향제와 포토 방향제를 파는 곳들이 나오고 있더라고요.

차량용 방향제와 포토 방향제의 디자인 카피에 대해 대처를 하고 싶어서 여기저기 자문했습니다. 그런데 포토 방향제는 저희가 판매를 하고 나서 시간이 너무 많이 지나버려서 대응이 어렵더라고요. 차량용 방향제는 제조 특허 출원을 신청했었으나 이점이 없다는 답변을 받았습니다.

그래서 포토 방향제는 우리가 좀 더 잘 만들고 부품 등을 고급스럽게 써서 차별화하자고 정리했어요.

다만 차량용 방향제는 독특하다 보니까 눈에 확 띄거든요. 이런 경우는 업체에 직접 전화합니다. '이거 우리 것 보고 하지 않았느냐. 내용 증명을 보내겠다'라고 하면 보통 참고했다고 솔직하게 말해주더라고요. 그럼 내려달라고 요청합니다.

저작권이 등록되어 있지 않아도 먼저 판매했다는 것을 증명하고 보호하는 법률이 있어요. 그런데 판매하고 일정 시간이 지나면 효력이 없기 때문에, 제일 좋은 건 명칭이나 상표나 디자인을 바로바로 등록해야 해요.

Q. 핸드메이드 작가로서 앞으로의 계획이나 목표가 있다면?

부부나 연인의 기념일, 또는 새 차 장만을 축하하는 선물을 떠올렸을 때 바인즈의 작품이 생각날 수 있도록 품질도 강화하고 홍보도 강화하려고 합니다. 그리고 주문제작 작품, 오더메이드라는 메리트를 가지고 주문하는 사람이나 선물 받는 사람 모두 특별한 선물이라고 생각할 수 있는작품을 만들고 싶어요.

그리고 늘 생각했던 건데 국내뿐만 아니라 해외로도 진출하고 싶어요. 아무래도 문화적인 차이가 있고 정보가 없어서 고민하고 있지만, 여력이 된다면 다른 나라에도 판매를 시도해보고 싶습니다.

오늘도
수고했어
토닥토닥

바인즈 작가님의 캘리석고방향제

어니스트
쥬디

매출	월평균 1억 원대
취급 작품 카테고리	핸드메이드 화장품
시작	2015년 07월
해시태그	#1:1상담 #사진과 패키지디자인

1:1 메시지로
피부타입이나 기초 케어,
생활습관 등을 듣고
고객님께 잘 맞을 것으로
판단되는 작품을
추천드립니다.

소개 글

하루에도 수백 개의 새로운 화장품이 쏟아지는 세상입니다. 내로라하는 화장품 전문 대기업들은 전문 연구팀과 홍보팀 등을 대규모로 구성하여 서슬 퍼런 경쟁을 하고 있습니다. 치열한 화장품 업계에서 소규모 수제 화장품 브랜드가 살아남기란 역시 불가능한 일일까요? 전국에 퍼져 있는 가맹점도 없고, 만들 수 있는 화장품의 양도 적으니까요.
그러나 어니스트쥬디 작가님은 소규모 수제작 화

#1:1상담 #선물포장 #사진의 중요성

장품이 갖는 한계를 장점으로 탈바꿈시켰습니다. 의과 대학원 연구원 출신으로 천연 화장품에 대해 깊게 연구한 작가가 직접 고객과 1:1 피부 상담을 진행합니다. 전문적인 부분뿐 아니라, 작가와 작가의 반려견을 모티브로 한 패키지디자인, 사진 촬영 그리고 손수 하는 선물 포장으로 고객의 감성까지 어루만지는 데 성공했습니다.

어느 대기업인들 이런 서비스가 가능할까요? 작가의 전문성과 진심으로만 빚어낼 수 있는 소규모 수제 화장품 브랜드 어니스트쥬디의 저력을 살펴봅니다.

Q. 자기소개 부탁드립니다.

저는 아이디어스에서 핸드메이드 천연 화장품을 만들어 많은 분과 소통하고 있는 어니스트쥬디 작가 원보라입니다.

현재 화장품 제조업, 제조 판매 법인인 주식회사 파머스코스메틱스의 대표이자 연구기획 이사직을 맡고 있습니다. 저를 좀 더 재미있게 표현하자면 명랑한 모험가라고 말하고 싶습니다. 현재에 안주하지 않고 끊임없이 도전하는 작가가 되고 싶습니다.

Q. 매출은 어떻게 되나요?

매출 추세는 지속해서 상향 곡선입니다. 대략 월평균 8천~1억 원 정도 됩니다. 아이디어스를 포함한 총 매출인데, 아이디어스 비중이 높은 편입니다.

Q. 사업을 하신 지는 어느 정도 되셨나요?

사업 시작한 지는 3년 반 정도 됐습니다. 물론 본격적인 사업을 시작하기까지 오랜 준비 기간이 있었습니다.

Q. 어떻게 해서 핸드메이드 화장품을 만들게 되셨나요?

창업하기 전에 의학대학에서 연구원으로 재직하였습니다. 그 당시 천연 유래 성분에 대한 연구와 스킨케어 화장품 개발에 관심을 가지게 되었으며, 언젠가는 제가 기획한 화장품을 시장에 보이고 싶다는 꿈을 키웠습니다.

제가 연구했던 분야는 세포 염증 반응 그리고 활성 산소가 염증과 세포간에 미치는 영향에 대한 것이었습니다. 개인적인 관심으로 피부의 염증 반응을 좀 더 깊이 알기 위해 해외의 연구자료들을 섭렵하게 되면서, 더욱더 이 분야에 관심이 생겨 제가 쓸 화장품을 직접 만들어서 사용하게 되었습니다.

Q. 직접 화장품을 만들어 볼 수야 있지만, 사업을 하시기에는 다른 계기가 있으셨을 것 같아요.

연구와 개발에 시간을 투자하며 천연 화장품에 관심을 갖게 되었고, 직접 화장품을 기획하는 모든 과정에 재미를 느꼈습니다. 특히 제 경우엔 컨디션에 따라서 피부 타입이 계속 바뀌며, 트러블이 생기는 민감한 피부입니다. 그래서 여러 기성 제품들을 사용해 봤지만 잘 맞지 않아서, 좋은 원재료를 기반으로 직접 제작한 화장품을 만들어 사용해보니 피부 자극이 적어서 정말 좋았습니다.

이렇게 만들어진 수제 화장품을 다른 사람들도 사용하면 어떨까 하는 생각으로 화장품 사업을 시작했습니다. 하지만 화장품을 직접 만들어 사용한다고 해서 그걸 바로 판매할 수는 없었습니다. 그래서 수많은 시행착오를 거치고 많은 사람의 리뷰를 받아 보완해야 할 사항을 꼼꼼히 검토했습니다.

1:1 피부 상담으로 구매하는 화장품

Q. 고객분들과 직접 상담을 하시는 것으로 알고 있는데 주로 어떤 이야기를 하시나요?

고객분들께서 메시지를 보내주시면 실시간 상담을 적극적으로 활용하고 있습니다. 제가 다루는 작품군 카테고리가 화장품이고, 온라인 서비스를 운영하다 보니 메시지로 작품 선택에 대한 상담 요청을 하시는 분들이 많습니다.

그럴 땐 피부 타입이나 기초케어 루틴, 생활습관을 여쭤보는 등 충분히 고객님들의 이야기를 들어본 후 고객분들께 잘 맞을 것으로 판단되는 작품을 하나씩 추천해 드립니다. 그러나 메시지만으로 개개인의 피부 민감도와 피부특성을 100% 이해할 수는 없으므로, 고객분들과의 피부 상담은 고민을 거듭하며 조심스럽게 진행하는 편입니다.

아이디어스 앱은 고객과 작가 간 의사소통을 할 수 있는 메시지와

스토리 기능이 큰 장점이라고 생각합니다. 특히 메시지 기능은 고객의 상황과 니즈를 정확히 파악할 수 있는 좋은 수단입니다.

주문한 5개의 작품 중 2개만 선물 포장하고 싶은 경우, 배송이 급한 경우, 학교나 회사에 계셔서 전화를 받기 어려운 경우 등 여러 가지 상황이 있을 수 있습니다. 따라서 대부분의 소통은 메시지로 이루어집니다.

Q. 많은 분이 좋아하시긴 하지만, 작품을 판매하시면서 민감한 고객들도 있을 것 같아요. 어떻게 해결하시나요?

사람마다 생김새가 모두 다르듯이 개개인의 피부 타입과 민감도 역시 천차만별로 다릅니다. 간혹 피부 타입이나 민감도 차이로 처음 사용 시 일시적인 피부 예민 반응이 있는 경우도 드물게 있습니다. 이런 경우 우선 사용 방법을 상담해 드리며, 천천히 여유 있게 테스트해 보실 수 있도록 교환 및 환불 게런티 기간을 연장해 드리기도 합니다. 또한, 상담 후에도 지속적으로 피부 타입과 매칭되지 않는 경우 기쁜 마음으로 교환이나 환불을 진행해 드리고 있습니다.

예전에 미국에서 생활할 때, 온라인 쇼핑 회사 아마존의 서비스에 감동받았던 적이 있습니다. 보통 제품을 구매해서 사용하다가 문제가 발생하거나 마음에 안 드는 부분이 생기면, '교환해도 될까?' 혹은 '너

수많은 시행착오를 거치고 많은 사람의 리뷰를 받아 보완해야 할 사항을 꼼꼼히 검토했습니다.

무 늦었지. 교환이 어렵겠지?" 하며 고민을 하기 마련입니다.

하지만 아마존 서비스 센터는 전화해서 "배송받은 상품에 문제가 있는데요", 하고 운을 떼면 말이 끝나기도 전에 "네, 알겠습니다. 교환해 드릴까요, 환불해 드릴까요?"라는 즉각적인 피드백을 줍니다.

아마존이 고객에게 보여준 자세처럼, 저도 어떠한 물건이든 고객 마음에 들지 않는 부분이 당연히 있을 수 있다는 점을 인식하고 있습니다. 따라서 교환이나 환불 서비스도 적극적으로 제공해 드리는 자세가 필요하다고 생각합니다.

소소한 일상을 콘텐츠로 만들다

Q. 스토리도 굉장히 잘 활용하시더라고요. 고객님들도 많이 좋아하시는 것 같은데 이렇게 적극적으로 활용 하시는 이유가 궁금했어요.

많은 분이 관심과 사랑을 주셔서 항상 감사합니다. 사실 스토리 작성을 특별히 어떻게 해야 한다거나 이렇게 작성하면 좋다는 식의 팁은 없습니다. 다만 저는 스토리를 작성할 때 하루에서 일주일까지 고민을 합니다. 온라인 판매의 특성상, 고객님 한 분 한 분과 얼굴을 보면서 마주할 수는 없으므로 제 마음을 더 많이 전달하기 위해 스토리를 활용합니다. 또한, 1:1 메시지로 일일이 전달해 드리지 못한 소소한 이야기라든지, 앞으로의 진행 상황과 계획 등을 스토리를 통해 소통합니다. 그러다 보니 스토리를 자세하고 길게 쓰게 되었습니다.

정직한천연화장품_어니스트쥬디
2019년 9월 10일

[연휴배송 / 프로모션, 돌발이벤트, 추석인사]

안녕하세요. HONEST INGREDIENTS!
어니스트쥬디 작가입니다. :)

여러분~! 이제 곧 추석 황금연휴가 시작됩니다.♥ 연휴기간 알찬 계획
세우셨나요? :) 가족분들 지인분들과 함께 풍성하고 행복한 추석 연휴
되시길 기원드립니다^^

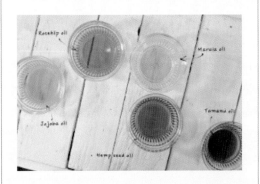

 정직한천연화장품_어니스트쥬디
2019년 8월 20일

[선물패키지공개 / 추석프로모션 / 별다줄이벤트!]

안녕하세요. HONEST INGREDIENTS!
어니스트쥬디 작가입니다. :)

여름휴가 즐겁게 잘 다녀오셨나요? :) 저도 오랫만에 여유로운
즌을 마치고 돌아온지 벌써 2주가 지났습니다 :)

 정직한천연화장품_어니스트쥬디
2019년 7월 31일

[샘플테스트 / 돌발이벤트 / 배송일정]

안녕하세요. HONEST INGREDIENTS!
어니스트쥬디 작가입니다. :)

7월의 끝자락에서 인사드립니다. 많은분들이 이번주 본격적인 여름
휴가를 맞이하시는 것 같습니다.

혹시 이미 피서지에서 즐거운 시간을 보내고 계신가요? ♥

 정직한천연화장품_어니스트쥬디
2019년 7월 26일

[돌발이벤트 / 휴가일정 안내]

똑똑똑! :)
안녕하세요. HONEST INGREDIENTS!
어니스트쥬디 작가입니다. :)

더위를 씻어내듯이 장마비가 시원하게 내린 금요일 입니다. 이번
가 끝나고 나면 다시 무더위가 시작될 예정이라고 합니다. :)

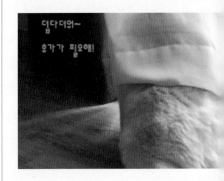

어니스트 쥬디 작가님의 스토리 활용법 : 이벤트, 공지사항, 개인적인 이야기 등

Q. 좋아하는 와인, 커피, 휴가 등의 개인적인 이야기도
   올리시던데, 그런 건 올리시게 된 이유가 있으세요?

저도 한 명의 소비자이기 때문입니다. 고객과 판매자로 만나기는 하
지만, 딱딱한 이벤트 공지, 신작 소개만 하다 보면 소통의 공감도가
떨어질 수밖에 없다고 생각합니다. 같은 소비자의 입장에서 같이 공
감할 수 있는 이야기를 최대한 함께 공유하고자 쓰게 되었습니다.

Q. 작가님은 인스타그램보다 아이디어스 스토리를
   훨씬 많이 사용하시는 것 같아요.
   아이디어스 스토리만의 장점이 있나요?

다른 분들도 종종 비슷한 이야기를 해주시곤 합니다. 사실 정확한
이유는 모르겠지만, 아이디어스 시스템과 스토리의 분위기가 저는
무척 마음에 듭니다. SNS 채널 같은 경우는 불특정 다수에게 나의
관심사를 공유하는 소통의 창구라면 아이디어스 스토리는 신뢰를
바탕으로 고객과 작가의 관계를 부드럽게 연결해주는 매체라고 생
각합니다.

Q. 작가님 이벤트는 재밌는 게 많아요. '말해! YES OR
NO 이벤트' 등을 어떻게 기획하시는지 궁금합니다.

이벤트나 프로모션 같은 경우는 매출보다는 진행 취지와 의미로 접
근을 하는 편입니다. 이벤트 소재도 쇼핑이나 여행을 하며 직접 봤
던 참신한 이벤트를 통해 아이디어를 얻는 경우가 많습니다. 보통
일상에서의 소소한 시간을 통해 아이디어를 얻으면서 기획합니다.
'말해 YES OR NO'의 경우 제가 좋아하는 쇼미더머니 프로그램을
보며 아이디어를 얻었습니다. 당시 이 노래가 한참 유행이었을 때
'말해 YES OR NO'라는 후렴구가 계속 귀에서 맴돌았습니다. 새로운
이벤트를 준비 중에 이 음악과 이벤트 내용을 조합해서 기획하게 되
었습니다. 그래서 주문 시 옵션에서 선물 포장 또는 이벤트 할인율
을 적용할 수 있게 한 이벤트였습니다.

정직한천연화장품_어니스트쥬디
2016년 8월 24일

[설날 Promotion to Event!]

똑똑똑! 안녕하세요.
HONEST INGREDIENTS! 어니스트쥬디 작가 입니다.

최근 춥고 건조한 날씨가 이어지고 있음과 동시에 초미세먼지 농도가
역대 최고치를 기록하고 있다고 합니다 ㅠ

호흡기 질환 예방을 위하여 외출시 마스크 착용과 외출 후 깨끗이
손씻기는 물론, 깨끗한 클렌징과 세안, 스킨토닝을 평소보다
꼼꼼히 챙겨주시면 피부컨디션 유지에도 도움이 되시겠어요.
♥♥♥♥♥♥♥

간략히 진행 소식 전해드립니다.

오늘의 스토리 주제는
"from Promotion to Event"입니다.

1. [프로모션] 2019 설날 선물포장 공개 & 프로모션 진행!

2019 어니스트쥬디 설날 선물포장을 공개 합니다. ♥
어니스트쥬디는 핸드크래프트 방식으로 직접 포장지를 선택 재단하여
수작업으로 정성을 담아 포장을 진행합니다. :D

A. 프로모션 제목: 말해! Yes or No!
B. 프로모션 내용 : 옵션선택을 통한 설날 선물포장 무료선택(한정수량)
　　　　　　　　　 or 선물포장 포기, Secret 할인률 선택 제공!
C. 프로모션 기간 : 오늘밤 ~ 1월 25일 마감 (한정마감가능)

여러작품을 함께 일괄 설날 선물포장하실 경우 설날 선물포장 옵션을
　 각각 선택 해주신 후 배송메세지에 합포장을 요청 부탁드립니다.

많은 관심과 사랑 부탁드립니다. 제발~~~~ ♥

어니스트쥬디 작가님의 '말해! Yes or No 프로모션' 예시

선물 포장 프로모션시 패키지 모습

#1:1상담 #선물포장 #사진의 중요성

상품의 또 다른 범주: 선물 포장 및 사진

Q. 어니스트쥬디가 지금처럼 인기가 많아지게 된 계기는 무엇이었나요?

입점하자마자 주문이 많았던 것은 아닙니다. 돌이켜보면 명절에 선물 포장 이벤트를 진행하면서 조금씩 이름이 알려진 것 같습니다. 2016년에는 선물 포장 서비스에 대해 스토리를 통해 적극적으로 소통했고 점차 선물 포장 서비스에 대한 후기들이 쌓이면서 자연스럽게 인지도가 올라가게 된 것 같습니다.

 정직한천연화장품_어니스트쥬디
2016년 8월 24일

오늘 뉴스를 보니 이번 주말을 기점으로 더위가 한풀 꺾인다지요!
이번 여름은 뉴난히 더웠어요. 더위가 가시기도 전인데 어느덧 추석이 성큼성큼 다가오고 있습니다!

그래서 마련해 보았지요!
추석선물, 한가위 기념 핸드메이드 포장 패키지!!

구매 후 메세지나 댓글을 통하여 꼭 신청해 주세요! ^0^

요청해주신 모든분들께 정성껏 한정수량 제공해 드립니다.

HONEST INGREDIENTS! 어니스트쥬디 입니다.

명절 포장 이벤트

Q. 온라인에서 판매 시 사진이 굉장히 중요한 요소 중
하나인데요, 작가님의 사진은 퀄리티가 상당히 좋습
니다. 어떻게 촬영하셨어요?

전문가와 함께 촬영하고 있습니다. 촬영은 전문가와 제가 함께 기획
하고, 제가 모델로 활동합니다. 처음 작품을 기획하고 실제로 만들기
까지 생각했던 감성적인 부분, 원재료 등을 사진에 모두 담고 싶었지
만, 전문가 없이 독자적으로 진행하려다 보니 어려움을 겪었습니다.
그래서 이런 부분을 함께 고민해주시고 표현해 주실 수 있는 분들을
찾다가 저희와 감성이 맞는 분들을 찾아 함께 작업하게 되었습니다.

Q. 고객님의 피드백을 받으시면 그 부분을 작품에 반영
하시나요?

최대한 반영하기 위해서 노력하는 편입니다. 정기적인 리뉴얼을 통
해 작품의 완성도를 업그레이드해 나갈 수 있도록 항상 연구하는 자
세로 임하고 있습니다. 또한, 새로 나오는 작품으로 베타테스터를 모
집하고 피드백을 듣는 이벤트도 종종 진행하고 있습니다.
특히 베타테스트를 했을 때 중복되는 의견은 주의 깊게 살핍니다. 제
가 아무리 선호하는 부분이 있고 스스로 좋다고 생각하더라도, 많은
분이 주신 피드백을 활용해 작품 회의를 하고 적용합니다.
결국, 꾸준한 판매에 도움이 되는 건 작품 자체의 높은 만족도인 것
같습니다. 앞으로도 고객분들 한 분 한 분의 목소리를 듣고 필요에

따라 판매율이 좋은 작품도 정기적으로 리뉴얼할 계획입니다.

돌이켜 보면, 중간중간 프로모션을 병행하기도 했지만, 고객 한 분한 분에 대한 개선사항을 신속하게 적용하려고 했습니다. 그렇게 완성도와 만족도를 꾸준히 개선해온 노력이 매출을 올리는 데 도움이 되었으리라 생각합니다.

정직한 원재료에 대한 자신감

Q. 활동하시면서 이건 꼭 지켜야 한다는 철학이 있으세요?

HONEST INGREDIENTS! 정직한 원재료입니다. 이 부분은 반드시 지켜야 한다고 생각합니다. '피부가 쉴 수 있는 공간'을 모티브로 제작하게 되었기 때문에, 직접 선정한 최상급의 원재료를 바탕으로 정직한 스킨케어 화장품을 제공해 드리는 것이 목표입니다.

좋은 원료에서 좋은 작품이 나온다는 철학과 믿음을 가지고 있습니다. 그래서 대기업 이상의 기준으로 아주 까다롭게 재료를 선정합니다. 선택한 원재료를 가지고 충분한 테스트를 거쳐서 저희 원료 리스트에 추가하고 있습니다.

이때의 원료는 그저 말로만 좋다고 하는 원료가 아니라 확실한 문서(수입신고필증, 물질안전보건자료, 품질성적서, 원산지증명서, 천연 또는 유기농 인증서 등)를 기본적으로 보유한 원재료입니다.

원재료의 수확과 생산 공정에서 안전성을 최대한 확보한 원재료를 사용하기 위해, 그리고 높은 품질의 원료를 합리적인 가격으로 제공하기 위해, 일부 유기농/천연 원재료는 해외에서 직접 수입하고 있습니다. 미래에는 원재료의 수확과 생산 공정까지 직접 하고 싶다는 꿈도 가지고 있습니다.

Q. 핸드메이드 작품을 만드는 것을 생계를 꾸리는
   업으로 삼아도 되겠다고 결심하게 된 계기가
   있으신가요?

사실 지금도 이 사업을 생계를 꾸리는 업이라고 생각하지는 않습니다. 요즘은 시장의 트렌드 변화가 매우 빠르고, 변동성이 큰 시대이기에 미래가 두렵고 걱정되곤 합니다.

마치 직장인이 주머니에 사표를 항상 간직하고 출근을 하는 것처럼, 저 역시 항상 긴장의 끈을 놓치지 않고 있습니다. 언제든 무너질 수 있다고 생각하며, 지금에 집중하여 즐겁고 신나게 최선을 다하자는 마음입니다.

디자인
낙타

매출	연 2억 8천 원대
직원 수	1인 기업
취급 작품 카테고리	금속공예
시작	2013년 3월
해시태그	#고객에게질문하기 #블로거찾아가기 #직접발로뛰기

도대체 핸드메이드가 뭘까
생각했어요.
고객의 핸드메이드 기준에
맞추는 것이 아닐까요?
작은 부분도 불편하지 않도록
세심하게 신경 써드리는 것.
정말 사용하기 위해
구매하는 거니까요.

여러분께 '질문'이란 무엇인가요? 대체로 우리는 나이가 들어갈수록 질문하는 데 인색해지고는 합니다. 질문한다는 건 때로 우리 자신이 부족하다는 것을 떠들어대는 것처럼 느껴지기도 하니까요.

하지만 바꿔 말하면, 질문한다는 것은 지금 자기 자신을 잘 알고 있다는 것을 뜻하기도 합니다. 나에게 부족한 것, 필요한 것이 무엇인지 알고 요구하는 행위가 바로 질문이니까요.

이번에 만나 볼 작가님은 핸드메이드 주얼리를 다루는 디자인낙타입니다. 모르는 것이 있으면 누구에게나 무엇이든 물어볼 정도로 호기심이 많습니다. 고객의 불편함을 해소하고 블로그를 보다 많은 이들이 볼 수 있게 하려고 작가님은 어떤 질문을 어떻게 던져 답을 찾았을까요?

질문하는 일에 부끄러움을 느끼고 계시지는 않나요? 질문의 필요성은 알겠지만 망설여지시는 순간이 많은가요? 그렇다면 이 작가가 그 많은 질문을 통해 무엇을 얻고, 이루어 가고 있는지를 살펴볼 때입니다.

Q. 작가님을 소개해주세요!

저는 금과 은으로 핸드메이드 주얼리를 만들고 있는 디자인낙타라
고 합니다.

Q. 매출은 어떻게 되시나요?

세무신고를 할 때 1년에… 한 2억 8천만 원 정도 나왔어요. 근데 많
이 남진 않아요. 세금, 수수료, 특히 좋은 재료를 써서 재료 비용이
많이 나가요.

디자인낙타 작가님의 한자 이니셜 목걸이

고객이 원하는 핸드메이드

Q. 처음 핸드메이드 주얼리를 시작하시게 된 계기는?

금속 디자인을 전공해서 공산품을 디자인하는 산업디자인을 하려고 했어요. 그러던 중에 주얼리를 과제로 준비한 적이 있어요. 그걸블로그에 올렸는데 생각보다 반응이 좋더라고요.
디자인이라는 것이 휴대폰이나 녹음기 같은 기계나 공산품처럼 기능적으로 충실하고 완벽해야 한다고 생각했어요. 블로그에 이런 생각으로 만들었다고 포스팅하니까 다들 좋아해 주시더라고요. 이러한 반응이 신기하고 재미있어서 주얼리를 만들게 되었어요.

Q. 작가님의 한자 반지는 어떻게 만들게 되셨나요?

어떤 분이 주문하셨는데, 특별한 걸 가지고 유학을 가고 싶다고 하시더군요. 그래서 저는 '최대한 멋지게 해야겠다'라는 생각이 들어서 당시 유행하는 디자인부터 시작해서 화려한 보석을 붙이는 디자인 등 여러 가지 제안을 했어요. 그런데 아무리 많이 제안해도 마음에 별로 안 든다면서 뻔한 디자인이라고 하셨습니다.
그러다가 이니셜 반지가 떠올랐어요. 이니셜 반지야 예전에도 있었지만, 그걸 한자로 만들지는 않았잖아요. 그래서 한자로 이름을 새긴 반지 디자인을 제안하면서 만들게 된 것이 한자 반지예요. 주문

제작을 의뢰하셨던 고객분이 그 반지를 굉장히 마음에 들어 하셨어요. 그때 핸드메이드가 뭘까 하는 생각을 했습니다. 결국, 핸드메이드를 사용하는 사람이 생각하는 이미지와 느낌을 충족시켜줘야 하지 않을까 하는 생각을 하게 되었어요.

제가 처음에 생각했던 핸드메이드 디자인 작품이 제 눈에는 화려하고 멋질 수는 있어요. 하지만 그런 디자인을 소비자들이 굳이 찾지 않으세요. 제가 생각하는 핸드메이드와 구매하시는 분의 핸드메이드는 다를 수 있으니까요.

고객에게 직접 물어보기

Q. 작가님이 생각하는 핸드메이드는 어떤 것인가요?

먼저, 우리나라 내에서 핸드메이드는 '사치품'으로 비싸다는 생각이 있는 것 같아요. 외국에서는 사치품과 관련해서 '럭셔리 브랜드'라는 단어가 있잖아요. 우리나라는 백화점이 들어오고 '명품'이란 단어를 쓰면서, 핸드메이드라는 단어의 기준도 거기에 맞춰진 것이 아닌가 해요. '비싸야만 핸드메이드다'라는 식으로요. 마케팅 영향도 있는 것 같습니다.

예를 들어 핸드메이드 가방은 기계처럼 일정한 바느질과 딱 떨어지는 외형보다는, 좋은 재료를 쓰고 두꺼운 바늘과 실로 여러 번 바느질해서 내구성을 보강해서 사용할 때 좋은 품질을 느낄 수 있게 하는 것이 중요하다고 생각하거든요. 어머니들이 앞치마를 직접 바느질해서 만들어주셨을 때 느껴지는 그 편안함이 핸드메이드라고 생각해요.

Q. 작품을 만들 때 중요하게 생각하는 것은?

위에 말씀드린 것처럼 '편한 핸드메이드'요. 예전엔 사은품이나 할인이 중요하다고 생각한 적도 있었지만, 지금은 달라요. 예를 들면, 한자 이니셜 반지를 만들 때 들어가는 글자마다 모양이 다 다릅니다. 그중 어떤 글자는 삐죽하고 날카롭잖아요. 항상 그 부분을 신경 써요. 글자에서 튀어나온 부분으로 인해 니트의 올이 나가거나, 다른 물건에 걸리거나, 신경 쓰지 않으면 부러지기도 합니다. 그런 부분을 모두 고려해서 제작해요.

이니셜 반지를 저에게 많이 주문하시는 이유도 거기에 있다고 생각해요. 일일이 시안을 보내드리거든요. 그러면 신경 많이 써 주셔서 고맙다는 연락을 받기도 하고요. 고객의 핸드메이드 기준에 맞추는 것이 그런 것이라고 생각했어요. 작은 부분도 불편하지 않도록 세심하게 신경 써드리는 것. 정말 사용하기 위해 구매하시는 거니까요. 그래서 불편한 부분이나 모양 찌그러짐 같은 부분은 최대한 수정을 해 드리려고 노력합니다.

그리고 제작하는 과정에서 깨끗하게 만들려고 노력해요. 제가 착용하고 있는 반지 중에, 만든 지 5년이 지난 반지가 있어요. 이 반지는 기포 하나 없이 깔끔하게 뽑아냈어요. 제작하는 과정이 작품의 품질에 영향을 많이 미쳐요.

사실 요즘은 기본적인 과정을 생략하고. 만들어 파시는 분이 많은데, 은이라는 금속은 쥬얼리로 많이 사용되긴 하지만 사실 관리가 쉽지는 않아요. 계속 문질러줘야 하고, 잘 관리하지 않으면 산화피막이 생겨 은이 누렇게 변하죠. 사입 제품으로 나온 대부분의 실버 제품은 925실버를 합금하는 과정에서 좋지 못한 합금(alloy, 여러 금속을 합해 만든 금속)을 사용한다거나, 사용했던 은을 다시 녹이는 과정에서 깨끗하게 주조되기 힘듭니다. 그렇게 되면 반지도 약해지고 광택도 안 나고 피막도 아주 쉽게 생기죠.

예를 들면 제작 과정 중에 텅스텐으로 된 기계로 밀반죽하듯이 반지를 쳐서 구멍을 줄이는 과정이 있어요. 아주 번거로운 과정이지만, 이 과정을 생략하지 않고 구석구석 모든 부분에 꼼꼼하게 진행합니다. 구멍이 많으면 광택도 잘 안 나고, 그 사이로 미세한 이물질이 많이 낍니다. 그렇게 시간이 지나면 빨리 변색되거나, 냄새가 날 수 있어요.

저는 오래 쓰실 수 있게 그런 부분을 최대한 신경 쓰고 있어요. 광택을 낼 때도 회전하는 기계를 쓰면 손이 뜨겁지만 최대한 꼼꼼하게 합니다. 쉽게 지나치기 쉬운 글자 사이사이도 꼭 신경 쓰고요.

아무래도 글자 모양으로 만드는 이니셜 반지는 약할 수밖에 없어요.
그러니까 밀 반죽하듯이 치는 작업을 통해 밀도를 높여 튼튼하게 만
들어야 합니다. 뱀 반지도 중간이 열린 형태니까 힘을 한 군데로만
받으면 부러질 수가 있거든요. 처음엔 그걸 신경 쓰지 않았더니 뱀
반지가 부러져서 온 적이 있었어요.

어떨 땐 '내가 너무 복잡하게 만드나?, '단순하게 해볼까?' 하는 생각
이 들다가도 '제대로 해야지'하는 마음을 먹습니다. 솔직히 재미도
있고요.

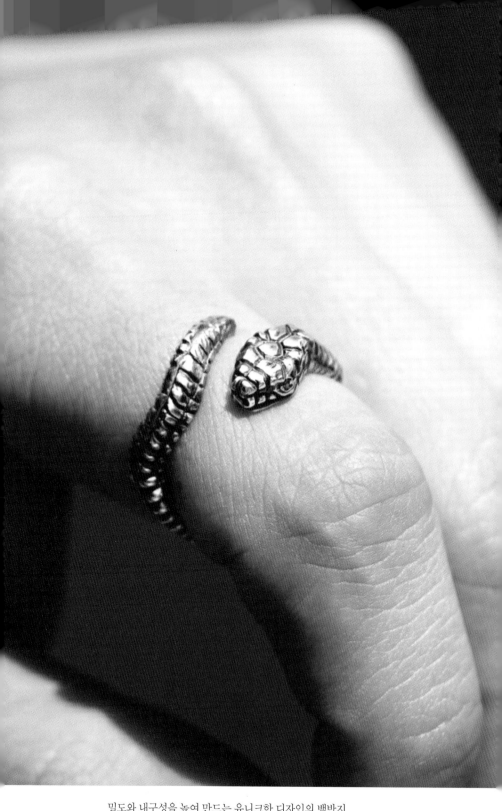

밀도와 내구성을 높여 만드는 유니크한 디자인의 뱀반지

Q. 고객분들께 문의도 하신다고 들었어요.

너무 궁금한 게 많아서, 예전엔 사용하시는 고객님들 리뷰를 보고 직접 문의한 적이 있어요. 그때 정말 많은 걸 배웠어요. 어떤 고객님이 반지를 꼈는데 자꾸 돌아가서 밑부분만 보인다는 리뷰를 쓰셨어요. 아무리 고민해도 이유를 모르겠더라고요. 그래서 왜 돌아가는지, 어떤 부분이 불편하신 건지 여쭤봤어요. 그렇게 해서 '밴드 부분이 불편한 거구나. 이 부분을 바꿔봐야겠다'라고 깨닫게 되었어요. 신경 쓰기 어려운 부분도 고객님들은 다 아시더라고요.

또 제가 처음 디자인한 반지를 받으신 분께 혹시 잘 쓰고 계시냐고 물은 적이 있어요. 그런데 목에 걸고 다닌다고 하시더라고요. 이유를 물었더니 그 고객님은 손을 쓰는 직업을 가진 분이라서 반지는 예쁜데 너무 날카로워서 목에 걸고 다닌다고 하시더라고요.

그리고 다른 고객님의 경우에는 목걸이를 착용하고 있던 아기가 넘어져서 찔려 피가 났다고 한 적도 있었어요. 처음엔 넘어진 건 제 잘못도 아닌데 그런 점까지 신경 써야 하나 싶었지만, 나중에는 그런 부분까지 고려하는 것이 핸드메이드인 것 같다는 생각을 했어요.

Q. 물어보고 조정하고 생각하고, 거기에 핸드메이드 의 매력이 있네요.

그런 세세한 부분 하나까지 신경 쓰는 일은 분명 어렵죠. 모든 분께 하나하나 전부 맞출 순 없지만, 그래도 세심하게 신경 쓰다 보면 만 족해하시는 분들이 많아요. 진짜 핸드메이드라면 세심한 부분까지 신경 써야 한다고 생각해요.

한번은 체격이 커서 손이 두껍다고 문의 주신 분이 계셨어요. 손 사 진을 찍어 보내 달라고 했는데, 마디가 엄청나게 굵은 손가락 사진 이 오더라고요. 손가락 마디에 맞춰 반지를 만들면 반지가 손가락에 서 돌아가요. 그러면 반지를 잘라서 끼우기 쉽게 만들어 드리는데, 그냥 자르면 반지가 부러지기 쉬워져요. 그래서 부러지지 않으면서 사용하기 쉽도록 조정해 드렸어요.

또 '목이 너무 짧은데 목걸이가 하고 싶다', '잔머리가 많은데 목걸이 가 하고 싶다'라며 문의하시기도 하세요. 이때 제가 만약 판매에만 목적이 있다면 '괜찮습니다. 그냥 구매하셔도 돼요'라고 하겠지만 그러진 않았어요. 고객님이 원하시는 디자인은 사용하시다 보면 끊 어진다고 말씀드려요. 그리고 다른 디자인을 보여드리고요. 잔머리 가 많으면 일반 목걸이는 많이 걸리거든요. 그러니 다른 체인을 제 안하는 거죠. 그렇게 솔직히 말씀을 드려요. 그러면 구매를 하지 않 으시는 일도 종종 생기지만 그래도 솔직하게 말씀드리는 것이 맞다 고 생각해요.

잘하는 사람들을 찾아 물어본다.

Q. 메시지도 직접 응답하시고 리뷰도 직접 관리하시
면서 힘든 순간도 있을 것 같은데, 블랙컨슈머는
어떻게 대처하시나요?

이 부분은 저도 버거워요. 제 선에서는 무리라고 느껴져서 아이디어
스에 상담 요청을 드린 적이 몇 번 있어요. 그때 담당자분께서 하신
말씀이 '글에도 말투가 있다' 는 거였어요.

얼굴을 맞대거나 전화를 하는 것이 아니라 글로 소통하다 보니, 제
의도와 다르게 강압적인 말투로 느껴질 수 있다는 걸 그때 알게 됐
어요. 이를테면 저는 느낌표를 쓰는 것이 친절한 말투로 읽힐 것으
로 생각했는데, 이것이 어떤 분들께는 강압적인 것으로 받아들여질
수 있다고 하시더라고요. 그래서 제가 사촌 동생한테 제가 하던 대
로 느낌표를 붙여서 메시지를 보내봤어요. '너 뭐하냐!' 그랬더니, 확
실히 무슨 일 있냐고 답변이 왔어요.

그렇게 CS 담당자분과 오래 통화를 하고 나서 글의 어투에 신경 써
야겠다고 결심했는데, 그 이후에 이와 관련한 일이 생겼어요. 제 실
수 때문에 어떤 고객께서 안 좋은 후기를 남기셨더라고요. 평소 같
으면 주저리주저리 길게 썼을 텐데, 이미 마음이 돌아선 고객께는
그게 핑계고 변명이잖아요.

그래서 배운 대로 우선 사과를 하고, 제가 이런 실수를 해서 불편하
게 해드렸습니다. 최대한 도와드리고 싶은데 제가 도와드려도 될까

요? 다시 만들어 드려도 될까요? 라고 썼어요. 여기에서도 바로 '다시 만들어 드리겠습니다' 이런 식으로 쓰는 것도 기분 나빠 하실 수 있다고 하더라고요.

그랬더니 그분께서 오히려 제게 연락을 주셨어요. 자신이 너무 공격적으로 리뷰를 남긴 것 같다고요. 이미 멀리 떨어져 있는 친구에게 선물한 것이라 다시 만들어 받기는 힘들 것 같고, 디자인은 마음에 들었는데 잘 맞지 않았던 것이라고 설명해주시더라고요. 오히려 미안하다고 하셨어요. 제가 할 수 있었던 일은 최대한 제 실수를 인정하고, 도와드려도 될지 여쭤보는 것이었어요. 만약 그래도 안 되면 아이디어스에 도움을 요청해야겠죠.

Q. 만약 고객이 화가 나 있는 상황이라면 어떻게 하시나요?

아이디어스에서 일하고 계신 전문가의 도움을 요청하는 것이 좋을 거 같아요. 아이디어스의 CS 담당자분들께서 힘드실까 봐 걱정되기는 하지만, 확실히 도움이 많이 돼요. 다른 작가님들 중에서는 너무 심하게 고객과 싸워서 전화로 욕하는 건 물론이고, 찾아와서 싸운 경우도 있다고 하더라고요.

Q. 전반적으로 늘 모르면 배워야 한다는 태도를 갖고
   계신 것 같아요.

말이야 그렇지만 사실 꿍꿍대면서 가는 거죠. 모르면 창피하지만 물
어봐요. 다른 작가님들 오프라인 매장도 다 가봤거든요. 인사동의
신발 매장, 액세서리 매장같은 곳들도 가 봤어요. 그런 데서 자극을
많이 받아요. 잘 하는 분들을 마음속으로 인정하면서, '나도 더 잘해
야지!' 하고 다짐을 해요.
블로그를 운영하는 방법이 궁금해서 파워블로거 분들을 직접 만나
물어본 적도 있어요. 방법을 알기 전에는 제가 처음 쓴 포스팅이 9페
이지에 가 있더라고요. 그 누구에게도 노출되기 어렵죠. 그러던 중
에, 글이 상위에 노출되는 방법이 있다는 것을 알게 되었어요. 그 방
법이 너무 궁금해서 무작정 파워블로거 분들께 연락해 만나서 이야
기를 나눈 후에 그 노하우대로 글을 써서 블로그 지수를 높여 놓았
어요. 지금은 블로그를 자주 못 하고 있는데도 지수가 잘 내려가지
않아요.

Q. 작가님이 생각하는 스스로 부족한 부분과 더 개선 하려고 하는 부분은 어떤 건가요?

저는 마케팅 능력은 완전 제로예요. 그래서 그런 것보다는 브랜딩에 신경 쓰기로 마음먹었어요. 어느 정도 저의 스타일을 고객들에게 제시해야 하니까요. '저는 이런 감성을 가지고 있습니다', 라고 표현하는 부분에 있어서 아직은 많이 부족하다고 느껴요.

요즘은 '너는 너처럼 꾸미고 산다'와 같은 말을 하잖아요. 그 사람의 집, 옷차림새, 휴대폰 등에서 그 사람의 감성이 느껴지는 것처럼, 제 브랜드에도 그런 부분이 있었으면 해요. 그런데 제작에만 신경 쓰다 보니까 브랜딩 측면이 부족한 것 같아요. 물론 시간이 걸리겠지만, 오래 가기 위해서는 내 느낌을 스스로 찾아야 하지 않을까 해요.

사실 스타일이 이렇다, 저렇다 하는 좋은 말은 갖다 붙일 수 있죠. 모던 아티산(Modern artisan), 콘템포러리(contemporary) 같은……. 그런데 그건 멋있어 보이려고 괜찮아 보이는 단어들을 가져다가 붙인 거잖아요. 맛집이냐, 멋집이냐 하는 것과 비슷하죠. 멋있으면 맛있어 보이고 맛있으면 멋있어 보이잖아요.

Q. 매출이 안 나서 힘들어하시는 친구가 있다면 어떤 조언을 해주시겠어요?

저도 아주 잘 된다고는 못하지만, 팔리지 않고 운영이 잘 안 되는 데에는 이유가 분명히 있어요.

온라인 매장 관리를 못 한다거나, 물건이 별로라거나, 사진을 못 찍는 등 뭔가 문제가 있어요. 그러한 부분을 찾으면 '내가 이런 부분이 부족하구나'라고 생각하면서 그 상황을 받아들이고, 주변 사람들에게 물어보고 찾아보고 따라 하는 것이 중요한 것 같아요.

새로운 작품을 개발하면 친구들에게 하나씩 주면서 한 달 동안 착용해 보고 어떤지 말해달라고 하기도 해요. 편의성, 실용성 등을 확인하기 위해서요. 당장에 돈을 벌기 위해 싸게 팔거나 광고하는 것보다도 그러한 부분이 더 중요한 것 같아요.

처음부터 매출만 신경 쓰면 남 탓을 하게 되거든요. "왜 아이디어스는 내 작품을 기획전에 추천 안 해줘?" 하면서요. 아이디어스 측에서는 '이 작가님은 사진도 그렇고 물건도 뻔하다'라고 생각하고 계실지 모르죠.

이런 부분을 본인이 인정하지 않으면 나아질 수가 없습니다. 안 팔리는 데는 이유가 있으니 머리로 생각하고 발로 뛰어가면서 조금씩 업그레이드해야 한다고 생각해요. 받아들일 건 받아들여야지요.

예전엔 프리마켓에 정말 자주 나갔어요. 매일 쉬지 않고 나갔던 거 같아요. 주변에선 왜 그렇게까지 하냐고, 뭘 그렇게 전화해서 하나 하나 신경 쓰냐고 묻기도 했지만 그런 활동이 중요한 것 같아요. 많이 가서 보고, 물어보고, 찾아보고, 그리고 이를 통한 배움을 적용시켜서 내 것을 만드는 거죠. 내 건데 누가 도와주겠어요, 내가 해야지.

04

엄마로 시작하기

- **유호랑** #산후우울증극복 #취미미싱 #블로그마켓

- **규린이네 수제과일청** #두아이의엄마 신뢰도상승
#인터넷커뮤니티활동

우리 사회는 아직 '엄마'가 된 여성들에게 걸리는 제약이 많습니다. 경력 단절 여성은 아기와 함께 태어납니다. 여전히 일부에서는 육아와 가사를 결혼하고 아이를 낳은 여성의 당연한 의무라고 여기기도 합니다.

그러나 두 작가님은 '엄마'로서의 한계를 '엄마'이기 때문에 가능한 일로 바꿔놓았습니다. 단순한 집안일로 치부될 수 있는 재봉과 수제 청 만들기의 가치를 발견해 자신의 사업으로 만들어 보인 것이죠. 엄마로 시작해 엄마로서 성공한 두 작가님의 이야기를 들어봅니다.

- 유호랑 #산후우울증극복 #취미미싱 #블로그마켓

- 규린이네 수제과일 #두아이의엄마 신뢰도상승 #인터넷커뮤니티활동

#산후우울증극복 #취미미싱 #블로그마켓

유호랑

매출	연 3.5억 원대
직원 수	9명
취급 작품 카테고리	유아 의류 및 액세서리
시작	2016년 7월
해시태그	#산후우울증극복 #취미미싱 #블로그마켓

제가 엄마의 마음을 아니까요.
아이 엄마들은 우울하고
외로워도 아이에게 예쁜 거라면
해주고 싶은 마음이 있거든요.
엄마들은 자기 옷은 1만 원짜리
사기도 아까워하지만,
아이 물건은 11,000원이라도 사요.

소개 글

유호랑 작가님은 젊은 나이에 아이의 엄마가 되었습니다. 기꺼이 아이와의 미래를 선택했지만, 예전에 가졌던 자신의 꿈은 포기해야만 했던 것도 사실입니다. 누구에게나 엄마가 되는 일은 처음이기에 어려웠고, 마냥 행복하거나 즐거웠던 것은 아니었죠.

하지만 그녀는 산후우울증을 딛고, 엄마만 알 수 있는 '엄마의 마음'으로 미싱을 시작했습니다. 그녀의 작품은 다른 엄마들에게 위안과 공감을 이끌어냈습니다. 엄마이기에 느꼈던 한계가 어떻게 엄마라서 할 수 있었던 강점으로 바뀌었을까요?

유호랑 작가님의 '소녀밴드 나비 리본핀 세트' 작품

Q. 작가님을 소개해주세요!

저는 이제 서른 살이 된, 아이 둘의 엄마예요.

산후우울증을 극복하게 한 미싱과 블로그 마켓

Q. 시작은 어떻게 하셨어요?

어린 나이에 결혼했어요. 아무래도 젊은 엄마이다 보니 인스타그램을 많이 했어요. 그 당시에 아기 헤어밴드가 많지 않았는데, 코디해서 올리는 걸 보고 너무 예뻐 보여서 인터넷에서 웹서핑으로 리본으로 된 헤어밴드를 샀어요.

그런데 첫째 아이에게 리본밴드는 안 어울리더라고요. 곰돌이 모양 밴드를 사주고 싶은데 인터넷에 아무리 찾아봐도 없었어요. 또 당시에 침대에 놓는 '잔디쿠션'이 유행이었어요. 그게 너무 사고 싶었는데, 가격이 비쌌어요. 그래서 직접 만들어 봐야겠다는 생각에 그냥 미싱을 샀어요.

사실은 그때가 산후우울증이 왔던 시기예요. 학생 때 제 전공은 성악이었고, 유학을 가려고 했었거든요. 근데 결혼해서 집에서 아기를 보고 있으니 우울해지는 거예요. 친구들을 보면 비교가 더 되니까요. 게다가 당시에 신랑이 일이 많아서 일찍 출근하고 늦게 퇴근했어요. 그러다 보니 혼자 아기를 보는데 밤마다 재우기도 너무 힘들고 어느 하나 쉬운 일이 없었어요. 그러던 중에 미싱을 시작하게 되었어요. 미싱을 하는 동안은 정말 아무 생각도 들지 않고, 만드는 게 너무 재미있었어요. 직접 미싱을 해서 리본밴드를 만들었어요. 임신했을 때 태교 바느질 수업에서 배운 공구르기와 곰돌이 인형 만드는 방법을 이용해서 곰돌이 밴드도 만들었어요. 그걸 우리 아이에게 착용시키니 너무 귀여운 거예요.

곰돌이 밴드도 만들었어요. 그걸 우리 아이에게 착용시키니 너무 귀여운 거예요

Q. 그렇게 판매를 하시게 된 거예요?

그때 이런저런 걸 참 많이도 만들었어요. 당시에 뜨고 있던 블로그 마켓을 열어서, '뭐 장사가 되겠어?' 하는 생각으로 재미 삼아 포스팅을 올렸어요. 인스타그램에도 밴드 4개에 2만 원, 거기에 덤으로 하나 더 준다거나, 무료배송으로 싸게 올렸더니 하루에 몇만 원씩 팔리더라고요.

그런 상황이 너무 재미있었어요. 왜냐하면, 당시엔 어린 아기가 있어 돈을 못 버는 상황이었는데, 작지만 돈을 벌게 되었으니까요. 재미있어서 계속하다 보니까 한 달에 매출이 100만 원씩 되더라고요. 당시에 거실이라고 할 것도 없는 좁은 아파트 거실에서 원단을 늘어놓고 새벽 3시까지 바느질하다 자곤 했어요. 그 모습을 보고 신랑이 사무실을 내는 데 도움을 줬고, 집이 아닌 사무실에서 일을 시작하게 되었어요.

현재 유호랑이라는 인터넷 쇼핑몰을 운영하고 있어요. 아기 이름이 '유호'예요. 하루는 유호, 신랑이랑 같이 밥을 먹는데 제가 내내 블로그 고객분들과 소통을 하게 되었어요. 책임감이 강하고 남에게 피해를 주는 것을 싫어하는 성격이라, 배송 문의 등이 들어오면 바로바로 대답해주었거든요. 그런데 함께 밥을 먹는 자리에 나와서도 계속 그러고 있으니까, 고객에게 실례라고 생각해서 바로 답장을 하는 상황이 거꾸로 가족에게 실례가 되는 상황을 만든 거죠.

그때 신랑이 아예 사이트를 만들어서 주문을 받으면 어떻겠냐고 아이디어를 주었어요. 당시에 웹사이트를 만들 수 있는 기술을 가진 친구에게 소액을 주고 사이트를 만들었어요. 오픈할 당시에는 사이트에서 7만 원 이상 구매하면 잔디쿠션을 줬어요. 그러면 다 7만 원 이상 구매하게 되잖아요. 그래서 당시에 반응이 괜찮았어요.

아이 엄마만 알 수 있는 엄마의 마음

**Q. 유호랑은 작품 이미지가 너무 귀여워요.
사진을 보면 클릭할 수밖에 없어요.
어떻게 이런 방법을 생각해 내셨어요?**

저희 작품은 일단 입혀보면 무조건 구매하세요. 근데 입혀보기가 힘들어요. 그래서 사진 활용을 많이 하고, 후기를 많이 받는 식으로 보완을 했어요. 그래서 인스타그램 스타들로 마케팅을 했어요. 아이 엄마들은 우울하고 외로워도 아기 예쁜 거라면 해주고 싶은 마음이 있거든요. 엄마들은 자기 옷은 1만 원짜리 사기도 아까워하지만, 아기 것은 11,000원이라도 사요.

저희 작품은 일단 입혀보면 무조건 구매하세요.

Q. 이건 진짜 아기 엄마 아니면 알 수 없는 포인트네요.

제가 아기 엄마들의 심리를 아니까요. 제가 아기 엄마니까 다른 아기 엄마들의 마음을 알 수 있어요. 그리고 우리 아기에게 다 입혀보고 만드는 거라, 핏을 딱 귀엽게 낼 수 있는 거 같아요.

Q. 그러면 SNS의 영향력있는 인플루언서에게 협찬 광고를 제안할 때는 어떻게 하셨어요?

기본적으로 저를 굉장히 낮추고 메시지를 보내요. "애기가 너무 예뻐서 한참 피드를 봤어요. 애기가 너무 예뻐서, 저희 작품을 협찬하고 싶은데 받아주시면 영광이에요." 이런 식으로 제안을 해요. 메시지를 무시하시는 분들도 있고, 수락해 주시는 분들도 있죠. 그렇게 진행했었는데 요즘에는 아기 엄마들 사이에서 입소문이 있는 브랜드가 되다 보니까, 다른 회사들의 견제 때문에 수락이 다소 어려워졌어요.

Q. 아이가 있는데, 일하는 시간은 어떻게 조정하세요?

전 워낙 믿고 맡길 수 있는 분들이 있어서 사무실에 매번 나오진 않고, 업무도 새벽까지 하진 않아요. 하지만 계속 일을 생각하고, 시간만 나면 일을 하죠. 아기를 재우고 상품 페이지를 만들고요. 낮에는 아기 밥 주다가도 거래처에서 전화 오면 받고요. 또, 사무실과도 바로바로 소통해야 해요. 최종 컨펌은 제가 해야 하니까요. 디자인, 재고, 원단 등 결정도 해야 하니까 집에서도 쉬지는 못해요.

송장 입력 업무는 현재 직원분에게 위임을 했지만, 주문이 많아지면 직원분 혼자서 못해요. 저도 그 사정을 알기 때문에 같이 하죠. 송장 번호를 보내달라는 메시지가 밤 열두 시에 올 때도 답변하고요.

Q. 막 시작하신 분들께 한 마디 해주신다면요?

유통사에서 마케팅 관련 연락이 오면 무조건 하세요. 무조건. 노출을 하든 홍보를 하든 뭐든지 할 기회예요. 자기 작품에 대해 자부심이 있거나 가격이 별로 남는 게 없어서 그런 제안에 대해 어렵게 생각하시는 분들도 있지만, 그게 홍보비와 같은 거잖아요. 마진 천 원, 이천 원 남겨도 우선 입소문이 한번 나야 다음에 사니까요.

내 작품이 여러 사람들에게 뿌려지는 게 좋은 거예요. 당장은 마진이 없더라도 가격을 내려서 일단 한 번 접하게 만드는 것이 좋아요. 그런 식으로 하면 홍보가 많이 되거든요. 이게 중요하다고 생각해요. 유통사 측에서 저희를 통해 긍정적인 경험을 하면, 다른 행사를 기획하실 때 당연히 저희 생각을 하고 밀어줘요. 그때 조금씩 이익을 생각하는 거지, 처음부터 하나하나 따지면 힘들어요.

그래서 너무 따지지 말라고 말씀드리고 싶어요. 지금 당장 마진이 없더라도, 처음에 홍보비라고 생각하시면 좋겠어요.

유호랑 작가님의 보석 레이스 삭스

규린이네
수제과일청

매출	연 4억 원대
직원 수	4명
취급 작품 카테고리	수제청
시작	2014년 8월
해시태그	#두아이의엄마 신뢰도상승 #인터넷커뮤니티활동

규린이네 수제과일청
이라는 작가명은 자주 활동하는
지역 맘 카페에 올려서
투표로 결정했어요.
아이 이름이 걸려 있으니
초심도 오래갈 거고,
이름도 예쁘다는 의견을 받아서
결정했어요.

"할아버지의 이름을 걸고!" 일본의 유명한 탐정 만화
의 주인공은 늘 추리 전 이렇게 말합니다. 가족의 이름
을 건다는 것은 자신에게 가장 중요한 것을 걸고 진심
으로 임하겠다는 뜻이니까요.

이번에 소개할 작가님의 상호에는 첫째 아이의 이름
이 들어가 있습니다. 아이의 이름을 내걸 만큼 정직하
고 책임감 있게 작품을 만든다는 마음가짐이 엿보입
니다. 물론 자기 자신이나 소중한 사람의 이름을 넣어
상호를 만드는 것은 흔한 일이지만, 여기서 재미있는
사실은 이 상호를 지을 때 지역 육아 카페의 조언과 응
원을 통해 최종적으로 결정했다는 것입니다.

작가님은 지역 육아 카페 활동을 통해 사업 아이템을
찾았고, 더 나아가 기반을 다지고 응원과 시련을 받아
가며 차근차근 한 걸음씩 성장했습니다. 일상적인 인
터넷 커뮤니티 활동이 어떻게 사업으로까지 발전했는
지 들어보았습니다.

#두아이의엄마 신뢰도상승 #인터넷 커뮤니티활동

Q. 작가님을 소개해 주세요.

엄마의 정직한 마음으로 아이와 어른이 모두 믿고 먹을 수 있는 건 강한 먹을거리를 만드는 규린이네 수제과일청입니다.

저희 수제과일청은 파는 작품이기 이전에 가족이 믿고 먹을 수 있는 먹을거리입니다. 사람들이 요샌 사 먹는 음식에 대한 불신이 많잖아요, 가족도 먹을 수 있는 음식이라는 말이 형식적일 수도 있어요. 하지만 아이와 남편이 먹던 수제청을 온라인 지역 카페에 보여주면서 사업을 시작하게 되었기 때문에 가족이 먹는 건강한 먹을거리라고 자부할 수 있답니다.

Q. 이 사업을 시작하신지는 얼마나 되셨나요?

올해 8월이 되면 딱 채운 5년이 되요.

Q. 현재 연 매출이 얼마나 되나요?

작년 한 해는 4억 원 정도 였어요. 올해는 지난달엔 명절이 있어서 1억 원 이상의 매출을 내기도 했지만, 명절 등의 이벤트가 없는 평균적인 월 매출은 약 4-5천만 원 정도입니다.

아이디어스에 2018년 3월 입점하면서 매출이 많이 올랐습니다. 첫달부터 매출이 크게 오른 건 아니었지만, 매월 매출이 증가했어요.

아이디어스 입점 전 타 판매처 평균 매출보다는 높은 매출을 기록하고 있고, 아이디어스의 도움을 많이 받고 있습니다. 직원은 4명입니다.

새로운 사업의 기반이 되어 준 지역 맘카페 활동

Q. 온라인 카페에서 시작하셨다고요?

결혼 후 아이를 낳고 육아를 하다 보니, 육아 카페를 많이 보게 되었어요. 온종일 집에서 일만 할 수 없고 일탈할 거리가 필요했으니까요. 또 회사에 다니다가 일찍 결혼을 한 편이라서 만날 친구들도 많지 않았어요.

우연히 지역을 중심으로 형성되어있는 맘카페를 알게 되었고 그곳에 제 얘기를 많이 올리게 되었어요. 남편이 출근하고 나면 카페 죽순이라고 할 정도로, 카페 활동을 굉장히 열심히 했죠. 당시 카페에 작은언니, 큰언니, 왕언니 이런 등급이 있었는데, 카페에서 시간을 많이 보내다 보니 왕언니 등급이었어요.

제가 평소에 요리를 좋아하거든요. 나이가 많은 편이 아니었는데도 김치, 빵 등 집에서 해 먹는 음식 사진을 찍어 올리면서 카페 내에서 다른 엄마들에게 관심을 얻고, 요리를 잘하는 엄마로 알려졌어요.

Q. 원래 어떤 일을 하셨나요?

제가 집에 가만히 있는 성격이 아니에요. 손으로 만드는 걸 좋아해서 클레이 머핀, 아기 머리핀, 백일상 대여 등 어린아이를 돌보면서도 집에서 할 수 있는 일을 많이 했어요. 결혼하고도 쉬지 않고 집에서 일을 해왔어요.

수제청 사업 시작 직전엔 백일상 대여 사업을 했어요. 초반에 잘 되었던 사업이 유행을 타면서, 어느 시점이 되니 매출이 많이 줄어들더라고요. 그때쯤 우연히 집에서 간간이 애들과 신랑에게 만들어주던 레몬청, 자몽청, 딸기청을 활동하던 지역 맘 카페에 올렸어요.

사진을 찍는 걸 워낙 좋아해서, 그걸 찍은 사진들을 올리다 보니까 댓글로 맘카페 엄마들(회원들)이 '사고 싶다', '장사해도 좋을 것 같다'와 같은 말씀을 많이 하셨어요. 마침 백일상 대여 사업이 잘 안 되고 있어서 수제청 사업으로 전환해도 괜찮겠다는 생각이 들었어요.

Q.온라인 육아 카페 활동이 도움이 된 거네요.

글을 쓰면 댓글이 달리는 것이 재밌었어요. 제가 만드는 수제청을 판매하면 사고 싶다는 카페 회원들의 반응을 볼 때마다 호기심이 생겼어요. 당시엔 수제청을 사 먹는다는 것 자체가 생소하기도 했고요. 엄마들의 댓글 반응을 보면서 수제청이 좋은 사업 아이템이 될 수 있겠다는 생각이 들었어요.

Q. 작가님의 상호도 그렇고, 스토리에 아이들 사진도
　올리셨는데, 그게 신뢰가 생기는 요소 같아요.

아이들을 내세우는 것이 쉽지 않았어요. 사실 상호에 대해서도 엄청
고민했죠. 물론 내 자식의 이름을 걸고 판매해도 될 만큼 정직하게
할 생각이었지만, 부정적으로 생각하면 아이 이름으로도 욕을 먹을
수 있는 거니까요.

규린이네 수제과일청이라는 작가명은 자주 활동하는 지역 맘카페
에 올려서 투표로 결정을 한 거예요. 아기 이름을 걸고 했을 때의 단
점도 있겠지만 엄마 입장에선 아이 이름이 걸려 있으니 초심도 오래
갈 거고, 또 아이 이름도 예쁘니 좋을 것 같다는 의견을 받아서 결정
했어요.

입점한 뒤에도 늘 그렇게 소개해요. 수제청 만들게 된 계기도 아이
들 때문이었고요. 전략적인 목적으로 아이 이름을 내세운 것은 아니
에요. 항상 애들 생각하면서 일을 하니까 자연스럽게 그렇게 되었어요.

Q. 처음부터 이런 매출을 달성하지는 않으셨을 것
   같아요. 이러한 매출을 끌어올리는 데 도움이
   되었던 방법이나 사례가 있다면 소개해주실 수
   있나요?

작업하는 환경, 모습을 찍은 사진을 올렸어요.

첫 판매는 카카오스토리였는데 작업하는 환경을 하나하나 찍어서
올렸어요. 아이디어스에서는 사진의 완성도를 많이 고려하시는데,
저는 아이디어스 입점 메일 보낼 때도 한 장 한 장 정성 들여 찍기보
다는 작업 과정 사진을 많이 보냈어요. 작업하면서 사진도 무척 많
이 찍었는데, 사진 때문에 일부러 DSLR도 샀어요.

온라인이지만 작업 환경을 가감 없이 보여주면서 신뢰도를 쌓고 있
어요. 구매하고 싶은 욕구를 느낄 수 있게 사진을 잘 찍으려고 노력
해요. 예쁜 사진도 중요하지만, 더 중요한 건 작업하는 환경을 깨끗
하게 유지해서 신뢰도를 쌓을 수 있어야 한다는 점이에요. 저희 규
린이네가 작업 환경을 깨끗하게 하는 것은 고객과의 기본적인 약속
이죠. 댓글 중에도 과정 샷을 다 보여주니까 신뢰가 생긴다는 댓글
이 달려요. 아이디어스에 입점했을 때도 카카오스토리에서 했을 때
처럼 주방과 작업 환경 등을 올렸어요. 보여주려고 찍는 게 아니라
원래 작업할 때처럼 똑같이요. 사실 직원들도 애사심을 갖고 매일
청소를 잘해주세요. 그 꾸밈없는 모습을 보여주니까 그게 고객분들

에게 좋은 모습으로 다가가지 않았나 생각이 드네요.

또 무료 나눔이나 꼬리잡기 등 이벤트를 많이 해요.

처음 카카오스토리에서 영업했을 때도, 무료 나눔을 거의 주 단위로 했어요. 이벤트 기간이 길면 고객들은 기다리기 싫어하고, 이벤트만을 위해서 참여하는 사람들도 있게 되거든요. 주 단위로 한 번씩은 이벤트를 하고, 항상 다섯 명 이상 뽑아서 총 월 40만 원 규모의 이벤트 상품을 걸었죠. 아무래도 제가 파는 작품으로 하는 이벤트이다 보니 부담 없이 할 수 있고. 더 관심을 받을 수 있게 되더라고요.

꼬리잡기 이벤트도 제가 시초는 아니에요. 제가 타 인터넷 카페에서 참여했던 이벤트고, 아이디어스에서도 활용할 수 있겠다 싶었어요. 아이디어스 특성상 판매율, 조회수, 댓글수, 좋아요 등의 수치가 인기작가가 되는 데 영향을 미칠 수 있다는 걸 알게 되었어요. 그래서 한 분이 한 번 밖에 댓글을 달지 못하는 이벤트보다는 정해진 시간 안에 여러 번의 댓글을 다는 꼬리잡기 이벤트로 호응도도 높이고 재미도 높일 수 있겠다고 생각했어요. 실제로 할인하는 날 꼬리잡기 이벤트까지 함께해서 아이디어스 인기작가 1위도 찍어볼 수 있었고요. 판매도 판매인데, 아이디어스 시스템상 인기작가 순위에 '조회수'나 '좋아요' 같은 참여도도 반영되는 흐름을 파악해서 이벤트를 많이 열었어요.

규린이네 수제과일청
2016년 8월 24일

♥♥규린이네 좋아요 / 댓글 이벤트♥♥

※아래 내용 읽어보시고 참여해주세요※
※아래 내용 읽어보시고 참여해주세요※

당첨자 발표시 아래조건이 맞지않으시면
당첨되셔도 무효가 처리됩니다

안녕하세요^^
자주자주 무료나눔하는 규린이네입니다
좋아요 / 댓글 이벤트 고고할께요^^

●이벤트상품●

▶딸기시럽 600g 1개
▶한입정과 190g 1개

이중에 하나 드리는거 아니구요ㅎㅎ
2가지 1세트로 5분 증정입니다.

★★댓글 이벤트 참여방법★★

■ 본 게시물에 좋아요 눌러주세요

■ 본 게시물에 **믿고먹는 규린이네**
  댓글로 남겨주세요~~~~^^

※댓글은 한번만 적어주세요※
※중복시 탈락입니다※

■ 규린이네 작가를 ♥ 사랑하는 작가로
  등록해주세요

※※※당첨자 발표시 위조건이 맞지않으시면
당첨되셔도 무효처리됩니다※※※

★★이벤트 발표★★

4월 6일까지 댓글 남겨주신분중
5분 추첨하여 증정해드려요^^
발표는 4월 7일~~~~~~♡♡
(작가의 사정에 따라 하루이틀 늦을 수 있는 점 양해부탁드려요)

많은 참여와 관심 부탁드려요~~~♡♡

 204명이 감정을 표현하였습니다

좋아요 좋아요 좋아요 좋아요 좋아요 좋아요

이전 댓글 보기

 최*
믿고 먹는 규린이네

 이*
믿고 먹는 규린이네

 h*
믿고 먹는 규린이네

 정*
믿고 먹는 규린이네

 조*
믿고 먹는 규린이네

 오*
믿고 먹는 규린이네

참여와 인지도를 높이는 무료 나눔 이벤트 중 '꼬리잡기 이벤트'를 활용하는 모습

규린이네 수제과일청 작가님의 작업실

약점을 정면돌파하면 강점이 된다

Q. 요식업계에서 직원들이 3년 이상 근무하게 한
   노하우는 무엇인가요?

구직하러 오시는 분들이 늘 하시는 말씀이지만, 저희가 근무하는 시
간이 좋대요. 10시부터 6시까지. 근무 특성상 휴게, 식사시간을 고정
해서 사용할 수는 없지만, 직원들과 상의해서 하루 휴식시간 20분,
식사시간 40분으로 하루 총 1시간의 휴게 시간을 정해 두었어요. 엄
마들이 애들 어린이집 보내놓고 일하기 좋다는 이야기를 하세요. 체
력 소모가 많아 힘든 일이긴 하지만, 적응 기간을 거치고 이 일에 재
미를 느끼신 분들은 잘 적응해서 오래도록 일하시는 편이에요.

저희가 직원을 구할 때, 어떤 분들은 "저는 주방에서 하는 일 좋아하
고, 아기자기한 일 좋아해요"라고 말씀하시는 분들이 계세요. 과일
만져서 쉽다고 생각하시는 분들이 대다수고, 실제로 여러분들이 오
시지만 일주일도 못 버티고 그만두시는 분들이 더 많아요. 거의 매
일 아침 공판장에서 많은 양의 과일을 들여와 박스 단위로 작업하니
까요. 실제로 해 보시면 일이 정말 힘들어요.

저도 사업 초반에 며칠 일을 하고 많이 아팠어요. 아침에 자고 일어
나면 손가락 마디에서 뚝뚝 소리가 날 성도였으니까요. 그래서 처음
일하러 오신 분들께는 "처음에 하시면 많이 아프실 텐데, 집에 돌아
가서 꼭 찜질하시라"라고 말씀드려요. 같이 오랫동안 일하고 있는

다른 직원들은 괜히 겁먹고 다음 날 출근 안 한다고 그렇게 말하지 말라고 하는데, 힘들어서 못 하겠다고 생각하시는 분이라면 제가 타이른다고 또 출근하진 않으실 테니 솔직히 말하죠.

Q. 직원들에게 솔직하게 대하는 것이 중요한 노하우 같아요.

현재 믿고 의지하는 고참 언니가 규린이네에 근무한 지 3년이 넘었어요. 지금은 임신과 육아로 그만두게 되었지만 2년 이상을 다닌 직원들도 여러 명 있었어요. 장기근무는 마음가짐의 차이인 것 같아요. 제가 아무리 잘해주려고 노력해도 본인의 의지에 따라 달라지니까요. 힘든 일이지만 내 일처럼 잘 살펴주시고 챙겨주시는 직원분들에게 도움을 많이 받고 있어요. 그 마음이 감사해서 작고 소소한 선물을 자주 챙겨드리려고 노력해요. 또 체력적인 소모가 많아서 점심은 항상 든든하게 챙겨드리려고 노력하고 있어요. 매일 시켜먹는 밥이 지겨울 땐 제가 밥을 해 드리기도 하고요. 그럴 땐 잘 드셔주셔서 저 또한 기뻐요. 그렇게 여러 가지로 노력하고는 있지만, 사람 마음은 들여다볼 수가 없으니 종종 한 번씩 직원들에게 그만두려는 생각이 있는지 직접 물어볼 때도 있어요. 적응을 잘한 직원들은 그런 질문에 깜짝 놀라며 그럴 마음이 없다고 답을 해요. 한 직원은 언제까지 다닐 생각이냐고 물어봤더니 "언니가 규린이네 문 닫을 때까지요!"라고 대답해서 절 감동시킨 적도 있어요.

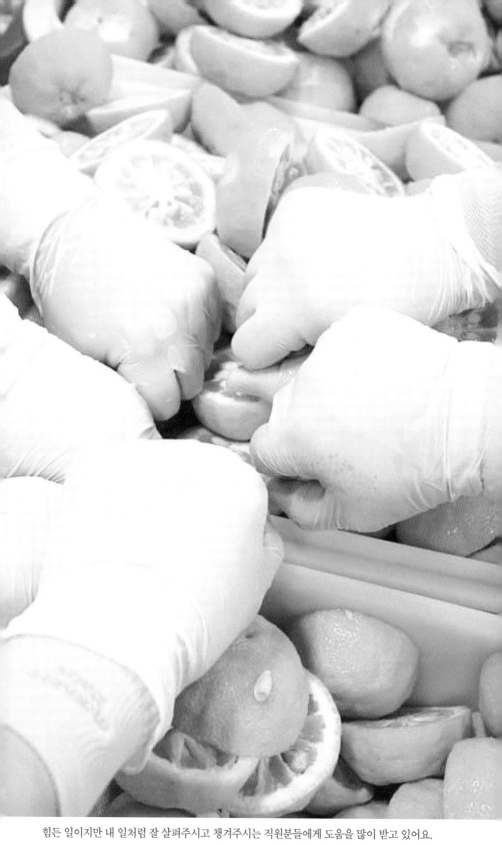

힘든 일이지만 내 일처럼 잘 살펴주시고 챙겨주시는 직원분들에게 도움을 많이 받고 있어요.

레드오션에서 살아남는 방법

Q. 작품을 만들 때 꼭 고려하는 부분이 있다면?

시즌별로 제철 과일을 잘 다뤄서 만들어요. 잘 다룬다는 말이, 다 똑같은 레시피로 만드는 것이 아니라 과일이 가진 맛에 따라 각기 다른 레시피로 만든다는 의미에요. 같은 청이라도 레시피는 전부 달라요. 과일마다 당도도 산도도 다르니 똑같은 레시피를 적용할 수는 없으니까요.

예를 들어 체리청은 체리만 넣지 않아요. 국내산 체리는 새콤해도 수입 체리는 달아요. 그 단 체리에 설탕만 넣으면 맛이 없죠. 그래서 레몬을 착즙해 넣는 등 방법을 찾죠. 그냥 뚝딱 나오는 건 아니고 직원들과 늘 먹어보고 결정을 합니다. 맛이 없으면 바로 후기에 티가 나거든요.

제철 과일들이 가진 각각의 특색을 잘 살려서 맛있는 청을 만들려고 항상 노력하고 있어요. 특색있는 맛을 만들기 위해 꾸준히 연구하고 있습니다.

Q. 과일청도 종류가 진짜 많더라고요.
체리청, 키위청은 작가님 통해 처음 알았어요.
아이디어는 어떻게 내시나요?

저도 모든 청을 만들어 보진 않았어요. 처음 일을 시작했을 땐 10가지 종류로 시작했어요. 그 뒤에는 몇 가지를 섞어보면서 맛이 있는 것들을 발견해 나가고, 다음엔 제철 과일을 적극적으로 활용하기 시작했어요.

레몬, 자몽은 수입이라 철이 없지만, 맨날 똑같은 청을 만들면 지겹잖아요. 몇 가지를 섞어보면서 맛이 있는 것들을 발견해 나가고, 다음엔 제철 과일을 적극적으로 활용하기 시작했어요. 체리철에는 체리청, 석류철에는 석류청을 만들죠.

마트에서 보면 유자는 1년 내내 팔잖아요. 그래서 유자는 언제든 나온다고 생각하실 수도 있지만, 사실 11~12월 딱 한 달만 생과가 나와요. 1년 내내 판매되는 유자엔 방부제가 들어 있을 수 있죠. 그래서 유자청은 11월에서 1월 사이에만 판매돼요.

Q. 과일청 외에도 대추고, 고추장물 등 다소 실험적
인 시도도 많아 보여요. 들어오는 주문량만 소화
하기에도 바쁘실 것 같은데, 이렇게 많은 신작까지
계속 만들어 내시는 방법이 궁금합니다.

제가 2014년에 처음 수제청을 시작해서, 5~6가지 청밖에 판매하지
않았을 때도 매주 엄청 많은 양이 나갔어요. 하지만 잘 되면 따라 하
는 사람들이 많아요. 수제청 자체가 설탕, 과일로 쉽게 만들 수 있다
는 메리트가 있다 보니 동종업체가 많이 생겨났어요. 그러다 보니
어느새 과일청만 해서는 살아남을 수 없는 시장 환경이 되었어요.
그래서 특별한 청을 연구 개발해야겠다고 생각했어요.
갈치속젓, 고추장물은 저희 집에서 반찬으로 해 먹던 거예요. 이런
것도 팔 수 있겠구나 싶어서 구매하실 분들이 있는지 수요 조사를
했는데, 생소하지만 궁금해서 한번 먹어보고 싶다는 반응들이 많아
서 만들어 팔게 되었어요. 다행히 고객분들께서 좋아해 주시더라고
요. 어릴 때 엄마가 해 주던 반찬을 먹어서 좋았다는 후기도 있었어요.

청에만 멈춰있으면 고객들 마음을 잡을 수 없다는 생각이 들어요. 저도 사람이다 보니 인기 순위에서 떨어지기 싫어서 힘들어도 자꾸 뭔가를 하게 돼요. 심지어 요즘은 제 열정 못지않게 직원들이 더 많이 제안하는 편이에요.

남들이 하지 않는 것, 혹은 남들에게도 있지만 우리가 더 잘할 수 있는 것, 고객분들이 생각하시기에 규린이네에서는 이런 청도 살 수 있고, 이런 것도 살 수 있다고 느끼실 수 있게끔 선택지를 다양하게 하려고 해요.

규린이네 수제과일청 작가님의 수제 도라지청

규린이네 수제과일청 작가님의 고농축 딸기시럽

Q. 재료를 꾹꾹 눌러 아낌없이 담아주시던데 이렇게까지 하시는 이유가 있으세요?

처음엔 이렇게 많이 담진 않았거든요. 그런데 손님들은 적게 담았다고 오해하실 수도 있겠더라고요. 예를 들어, 딸기청 같은 경우에는 시간이 지나면 딸기가 1/3 크기로 작아져요. 삼투압 현상으로 과즙이 빠지면서 거기서 즙이 빠지면 크기가 줄어들거든요. 과일청 특성상 과일이 위로 뜨면 과일이 적어 보이지만, 처음부터 적게 넣은 게 아니거든요.

그래서 비록 10병을 만들 수 있는 재료 양으로 7병 정도 밖에 못 만들게 된다 할지라도, 손님들이 좋아하시니 꾹꾹 눌러 담아요. 저는 저희 과일청이 싸다고는 생각하지 않아요. 다만, 이 금액을 주고 사먹더라도 전혀 아깝지 않게끔 듬뿍 담으려고 합니다.

식품 판매가 힘들다고 많이들 이야기하잖아요. 잘되거나 아니면 망하거나 둘 중 하나라고요. 하지만 식품 판매는 소비 기한이 짧으니까 금방 다시 찾으신다는 장점이 있어요. 저희 먹거리를 드시고 또 찾아와 주시니 힘이 나요. 맛있다는 후기도 많은 격려가 되고요. 그러니 힘들어도 많이 넣어드리려고 하고요.

Q. 덤도 많이 담으셨다고요?

처음에 입점했을 땐 의욕에 불타올라서 샘플로 파인애플 말랭이, 후리가케 등 이것저것 많이 담았어요. 아이디어스 입점하고 첫 구매고객의 주문 알림을 듣고 엄청나게 설레고 좋았거든요.

그런데 출고량이 늘어나면서 덤 자체가 부담이 되었어요. 간식을 넣는 데에 드는 비용이 장난이 아니더라고요. 지금은 샘플 만드는 시간이 너무 오래 걸려서 못 드리니까 본품을 더 많이 담아드리려고 하고 있어요.

입점했을 때 한 달 동안 일정 금액 이상 구매하신 고객께 잼을 증정해드렸는데, 그건 지금도 계속하고 있어요. 증정이긴 하지만 그것도 현재 판매하는 작품이에요. 일정 금액 구매 시 배송비 무료 혜택과 함께 잼을 증정하고 있어서 마진은 적지만, 잼을 받기 위해서 구매하시는 분들이 계셔서 남겨 뒀어요.

Q. 계속 재구매를 하시고 후기를 달아주시는 충성도
   높은 고객분들이 많으신 것 같아요!

초반엔 리뷰 작성을 유도하지는 않았어요. 가끔 리뷰 작성해주시면
10~20퍼센트 쿠폰 드린다고 메시지 보내면 몇 분들이 적어주셨고요.
요청하지 않았는데도 후기를 적어주시는 분들을 보면서 힘을 받아요.
일하면서 좋은 고객님들도 많이 만나지만, 그렇지 않은 분들 때문에
스트레스받고 힘든 순간들이 있어요. 이럴 때 고객님들이 남겨주신
좋은 후기 글을 보면 마음이 사르르 풀리곤 합니다. 제가 그렇게까지
잘해드린 것 같지는 않은데 기분 좋은 후기 글을 남겨주시면 정말 고
맙죠. 그런 분들은 기억해 두었다가 재구매 시 서비스를 조금이라도
더 챙겨드리려고 합니다.

요즘은 후기를 요청하는 스티커를 붙여요. 후기 스티커 붙인 건 이제
2주 정도 됐어요. 일하면서 배달의 민족을 통해서 배달 음식을 자주
시켜 먹는데, 후기 요청하는 스티커를 보니 저도 후기를 써주고 싶은
마음이 생기더라고요. 그래서 저도 스티커 시스템을 채용하는 것이
좋겠다는 생각에 도입하였는데, 눈에 띄는 변화는 아니지만 효과는
분명히 있는 것 같습니다.

Q. 앞으로의 계획이나 목표는 무엇인가요?

지금처럼 뒤처지지 않고 새로운 메뉴들을 꾸준히 개발할 생각입니다. 다른 업체와 비교해서 차별점이 있어야 살아남을 수 있다고 생각하거든요. 이를 통해 앞으로도 꾸준히 유지될 수 있도록 노력하는 것이 지금의 가장 큰 목표입니다.

또다른 목표는 2019년 아이디어스 어워드에 다시 가고 싶어요. 작년에는 생각지도 못했는데 어워드에서 신인상을 받았잖아요. 그래서 2019년 올해도 아이디어스에서 저를 불러주실 수 있게 열심히 유지하는 게 목표예요.

우수 신인 작가상을 수상한 규린이네 수제 과일청 작가님(오른쪽)과 아이디어스 김동환 대표(왼쪽)

05

온라인 개척하기

- **너의반찬** #반찬전용 택배포장 #워킹맘 타깃
- **피스오브럭** #사양산업을 온라인으로 살리기

온라인 시장은 날로 그 규모를 키워가고 있습니다. 정보통신정책연구원에 따르면 2019년 온라인 시장의 규모는 100조 원에 육박할 것이라고 하네요. 2013년부터 5년간 연평균 19%의 성장률을 이뤄온 결과입니다.

시장 상황은 나날이 바뀌어가고 있습니다. 고객들은 인터넷 주소만 알고 있다면 전국 어떤 가게든지 시공간의 제약 없이 눈 깜짝할 사이에 찾아올 수 있게 되었죠. 그렇지만 모든 산업이 온라인 시장에서 승승장구할 수 있는 것은 아닙니다. 온라인 시장은 이미 과포화된 '레드오션'이기 때문입니다.

성공적인 온라인 시장으로서 살아남기 위해서는, 고객의 머릿속에 있는 고정관념과 배송이 가지고 있는 한계를 뛰어넘어야만 합니다. 가장 고전적인 분야이자 오프라인 판매가 중심을 이뤘던 반찬과 수제화는 어떻게 성공적으로 온라인에 진출할 수 있었을까요? 이들의 도전을 들어보았습니다.

- 너의반찬 #반찬전용 택배포장 #워킹맘 타깃
- 피스오브럭 #사양산업을 온라인으로 살리기

너의
반찬

매출	연 10억 원대
직원 수	5명
취급 작품 카테고리	반찬
자본금	500만 원
해시태그	#반찬전용 택배방식 #워킹맘 타겟

신메뉴를 구상할 땐
남들과 다른 새로운 걸
만들려고 해요.
다른 가게와 똑같은 걸
만들어서 팔게 되면, 결국은
가격 싸움밖에 되지 않으니까
하고 싶지 않아요.

너의반찬
#반찬전용 택배방식 #워킹맘 타겟

소개 글

"세상의 대단한 일이란 건 대부분 귀찮은 일이지."
일본 애니메이션의 거장으로 불리는 미야자키 하야오가 한 말입니다. 아주 작고 중요하지 않아 보여서 귀찮아했던 일들, 혹은 여러분이 쉽게 지나쳐버렸던 그 일들이 사실은 자신과 세상을 변화시킬수 있는 대단한 일이었을지도 모릅니다.

여러분은 반찬에 대해 어디까지 알고 계시나요? 매 끼니 밥을 먹을 때마다 항상 반찬을 먹지만, 요리가 아닌 반찬 자체에 주목했던 적은 별로 없었던 것 같습니다.

그런데 이번에 만나볼 작가님은 반찬으로 연 매출액 10억 원을 일궈냈습니다. 어떻게 반찬으로 이런 규모의 매출이 가능했을까요? 우리가 알고 있던 것보다 훨씬 섬세하고 정교한 반찬. 반찬이 작가의 손을 거쳐 어떻게 작품이 되는지 살펴보려고 합니다.

너의 반찬 작가님의 작업실

Q. 작가님을 소개해 주세요.

너의반찬 작가입니다. 반찬도 수제 작품이 될 수 있다는 것을 알리게 되어 자부심을 가지고 활동하고 있습니다.

Q. 이 사업을 시작하신 지는 얼마나 되었나요?

이제 4년이 다 되어가요. 처음 2년은 1:1 주문만으로 운영했는데, 카카오톡과 블로그를 통해 주문받아서 반찬을 팔았습니다. 이후에 아이디어스에 입점하면서 주문량이 늘었죠. 처음에는 블로그를 통해 찾아주시는 손님이 많았고, 지인 판매도 많았어요. 그런데 그때는 온라인에서 반찬을 사 먹는 일이 흔치 않았습니다.

그래서 처음 2년 동안은 수입이 별로 없어서 가게를 근근이 유지하는 정도였어요. 당시에는 결혼한 지 얼마 안 되었는데 남편이 많이 도와주었어요. 그래서 부담 없이 2년을 버틸 수 있었어요. 수입이 많지 않았어도 정말 재미있었어요. 얼굴도 모르는 고객들이 저를 찾아서 구매해 주시는 것도 신기했고, 카톡으로 보내주시는 구매 후기들도 재미있었어요. 그 후에 아이디어스에 입점하면서 많은 사랑을 받게 되었습니다.

Q. 현재 연 매출이 얼마나 되나요?

아이디어스 덕분에 매출이 매우 많이 올랐는데, 가장 큰 이유는 아이디어스 VIP 클럽 때문인 것 같아요. 평균적인 월 매출은 7~8,000만 원, 연 매출은 10억 원을 넘었어요. 인생역전이죠. 남편이 많이 도와줘서 가능했어요. 직원 4명은 요리를 하고 1명은 포장을 해요. 저는 포장도 하고 요리도 하고 운영도 해요.

아이디어스 VIP 클럽 :
연회비를 내면 동일 작가님의 작품 1만 원 이상 구매 시 배송비가 무료인 서비스

아빠를 기쁘게 하고 싶어 찾았던 엄마의 손맛

Q. 처음엔 어떻게 시작하시게 되셨어요?

엄마의 손맛을 재현하고 싶었어요. 고등학교 때 엄마가 돌아가셨는데, 아빠가 엄마를 그리워하시면서 엄마가 해 주셨던 맛있는 집밥을 드시고 싶어 하셨어요. 저도 어렸을 때부터 엄마와 함께 요리하는 걸 좋아했어요. 친구들을 불러서 집에서 요리를 해줄 때마다 다들 맛있다고 해줘서 요리가 취미였어요. 그런데 취미가 직업으로까지 이어질 줄은 몰랐어요. 원래는 영어 선생님이 되고 싶었는데, 운명처럼 이 일을 하게 되었어요. 돈을 벌어야겠다는 마음을 먹고 시작한 것이 아니라서 신기하다는 생각이 듭니다.

Q. 원래 영어 선생님이 되고 싶었다고 하셨는데, 반찬가게를 열게 된 특별한 계기가 있으세요?

결혼 전에 아빠와 살았는데, 어느 날 장아찌를 만들어 보고 싶었어요. 장아찌를 좋아하지만, 다른 데서 먹는 건 짜더라고요. 아빠도 안 좋아하시고요. 그래서 처음에는 깻잎 장아찌와 마늘쫑 장아찌를 만들어 봤어요. 그런데 아빠가 너무 맛있게 드시는 거예요. 그래서 양을 많이 만들어서 주변 사람들과도 나눠 먹고, 친구들이 놀러 왔을 때 나눠 주기도 했어요. 어느 날은 아기를 낳은 친구가 밥을 잘 못 먹는 모습을 보고 장아찌를 가져다줬더니 너무 맛있다면서 또 해달라고 하는 거예요.

그때는 제가 공부도 하고 학원 알바도 할 때였어요. 그런데 다들 너무 제 반찬을 좋아해 주셔서 반찬 만드는 일을 같이하게 되었어요. 어느 날은 아는 언니에게 반찬을 가져다주면서 '반찬 가게를 해보고 싶다'라고 했더니, 허가받은 장소가 있어야 한다고 하더라고요. 그때까지만 해도 저는 몰랐어요. 반찬을 만들어 팔기 위해서는 장소가 필요하다는 걸요. 그래서 '그래? 그럼 가게 한 번 얻어볼까?'라고 생각하면서 시작했어요. 그때만 해도 가진 돈이 별로 없어서 친언니가 도와준 가게 보증금과 자본금 500만 원으로 동네에 굉장히 저렴하게 나온 6평짜리 작은 공간에 가게를 열었어요.

자본금이 많지 않아서 아빠가 시공해 주시고 제가 직접 페인트칠을 했어요. 아빠는 제가 가게를 한다고 하니 걱정을 많이 하시면서도, 한편으로 많이 도와주셨어요. 저희 아빠가 택시 기사이신데 택시를 운전하고 다니시면서 우리 딸이 반찬가게를 한다고 홍보를 많이 해 주셨거든요. 반찬 만드는 일이 재미있어서 시작한 것이라 정말 즐겁게 일했습니다.

Q. 작품의 특징은 무엇인가요?

저희는 모든 음식에 저염간장으로 맛간장을 만들어서 간을 해요. 제가 저염을 좋아해서 그렇게 만들고 있어요.

예전에 정말 유명한 게장 집에 갔는데 게장의 게 한 마리에 밥은 두세 공기를 먹어야 할 만큼 짠 것이 너무 싫었어요. 그래서 내가 팔 때는 유통기한은 줄어들겠지만, 저염으로 판매해야겠다고 생각했습니다. 간장새우나 깐새우장을 그렇게 만들게 됐어요. 그런데 다들 좋아해 주시더라고요.

저염이 젊은 분들 입맛에 잘 맞았나 봐요. 그러다가 나잇대가 높은 분들도 연락을 주셔서 사가셨어요. 어머니 세대는 반찬을 잘 사드시지 않는 세대잖아요. 그래서 그런 분들께 판매할 때는 부담도 많았어요. 그런데 그분들이 맛있다고 또 찾아오시고 하니까, 스트레스 적게 받고 재밌게 했어요.

인터넷에서 반찬을 판매하는 노하우

Q. 주된 구매자(이하, 타깃)를 '워킹맘', '싱글족'이라고
    생각 하신다고 했는데, 그 이유가 궁금해요.

초창기에 카톡으로 판매할 때 워킹맘, 싱글족이 제일 연락을 많이
주셨어요. 또 저는 육아맘, 워킹맘 등 일하는 엄마들의 마음을 알잖
아요. 아직도 여성이 반찬을 사는 것에 대해서 싫어하거나 이해를
못 하는 분들도 계세요. 그래서 고객들 가운데 라벨을 떼어 보내달
라거나 인터넷으로 구매하지 않은 것처럼 보이게 해달라고 하시는
분들도 있어요. 그런 분들이 많아요.

처음에는 해달라는 것들을 다 해드렸어요. 메뉴에 없는 것도 해 드
리고, 심지어 제사상까지 차려드린 적도 있어요. 또 어떤 고객님의
남편 생일 미역국도 끓여 봤어요. 그런데 그분들이 오죽하면 그렇겠
어요. 후기를 읽어보면 남편도 우리 반찬을 좋아한다는 글도 많아
요. 그래서 저도 타깃을 싱글족, 워킹맘, 육아맘으로 잡고, 메뉴 개
발이나 포장 등에 신경쓰고 있어요.

물론 고객층을 더 넓게 볼 수도 있겠지만 타깃을 정하고 운영해야
이도 저도 아니게 되는 상황을 막을 수가 있어요. 그리고 타깃을 정
하고 운영하면 다른 고객분들도 좋아해 주세요.

Q. 스토리 사진을 보니 택배에 신경을 많이 쓰시는 것
   같더라고요.

택배 중요해요. 처음에는 택배 실수가 많았는데 택배 작업을 많이
하다보니 요령이 생겼어요. 실수로 택배를 잘못 보내면 택배비 나오
지, 음식도 다시 만들어야하지, 얼마나 손해겠어요. 신뢰도 잃고요.
택배에 대해서는 요령이 많이 생겼어요. 반찬을 만들고 아이스박스
에 하루 넣어 둬요. 실제로 택배 가는 것처럼 흔들어도 보고, 하루
지났을 때 맛이 어떻게 변하나 살펴봐요. 그렇게 해 보니 바로 만들
어 먹는 것과는 맛의 차이가 크더라고요. 갓 만들어서 먹었을 때와
하루 지나고 먹었을 때의 맛이 다르다는 사실을 감안해야 해요. 특
히 제가 만든 맛과 달라지지 않도록, 간이 바뀌지 않게 주의하고 있
어요. 이런 내용을 반영시켜서 작품을 업그레이드 하는 거죠.
채소류 같은 경우는 채소에서 물이 나오니까, 간을 좀 더 해요. 만들
고 바로 먹었을 때 조금 짜게 만들면 택배가 도착해서 고객이 드실
때 간이 적당히 맞아요.
여름에 변질되지 않게 하려고 포장에 신경을 많이 써요. 반찬에도
잘 상하는 반찬이 있어요. 진미채는 잘 안 상하지만 새우장은 잘 상
해요. 이럴 때는 새우장 쪽으로 아이스팩 기울이고 개수도 조절해
요.

Q. 온라인으로 반찬을 취급할 때, 오프라인과 다른 점이 또 있나요?

온라인의 장점은 고객 얼굴을 직접 대하지 않는다는 부분이에요. 그 많은 고객, 100명이면 100명을 늘 웃으며 응대하긴 어렵잖아요. 하지만 메시지로는 웃는 모습을 보여드릴 수 있어요.

온라인 판매의 또 다른 장점은 수요 예측이 된다는 거예요. 주문받은 만큼만 제작하면 되니까요. 매장에서 잠깐 반찬 판매를 한적이 있어요. 하지만 여러가지 사유로 매장 판매를 그만두고 온라인 판매에만 전념한지 6개월이 되었어요. 며칠전 오랜만에 오신 손님이 왜 반찬을 안 파냐고 하시더라구요. 그분은 6개월 동안 오지 않았다는 이야기잖아요. 언제 오실지 모르는 손님을 위해서 매번 매장에 반찬을 만들어 둘 수 없잖아요. 결국, 오프라인은 수요예측이 어렵고 남으면 온전히 손해가 되는 등의 문제가 있어요. 이런 이유로 온라인 판매에만 집중하고 있어요.

Q. 스토리 보니까, 직원들 근속연수도 길더라고요.
　보통 요식업은 근속연수가 짧은 편인데,
　이게 가능한 이유가 뭐라고 생각하세요?

온라인으로 사업하니까 공휴일도 쉬고, 공휴일 전날도 쉴 수 있어
요. 그래서 근속연수도 높고 그만두는 일도 적어요. 저도 스트레스
를 잘 안 주려 하고요.

직원이 실수하면 '실수할 수 있지'라고 이야기해주는 게 사장인 것
같아요. 제가 예민하게 신경을 곤두세우지 않아야, 직원들도 실수했
을 때 걱정하지 않고 문제를 해결할 수 있는 거죠. 그리고 주방 쪽은
저보다 어른들이 일하시기 때문에 제가 함부로 하지 않아요. 주방에
서도 제가 어리다고 해서 함부로 대하시지도 않고요.

1년 넘게 일하다가 그만둔 경우가 있었는데 그럴 때는 많이 서운하
긴 해요. 그렇다고 그 친구 길을 제가 막을 수는 없잖아요. 직원에
대해서는 나와 평생 간다고 생각하지 말고 마음을 비워야 해요. 저
는 제 사업이니까 애정이 있지만, 그들에겐 일터인 거죠. 저도 회사
도 다녀보고, 일도 해봤지만 직원이 사장처럼 일해주길 바라는 건
정말 욕심이에요. 사실 저도 그걸 깨닫기까지 오래 걸렸어요. 울기
도 많이 울었고요.

특히 저희는 여름에 정말 더우니까 힘들잖아요. 그럴 때는 인센티브를 챙겨드리고, 생일도 잘 챙겨드리고, 일을 더 열심히, 많이 하는 직원이 있으면 소소하게나마 더 챙겨드려요. 그런 노력을 알아주는 게 중요하다고 생각하거든요.

다 똑같이 일하는 거 같아도 노동 강도가 다를 수 있고, 서로 월급은 모르지만 좀 더 힘들게 일하는 사람에게 좀 더 주는 게 맞는 것 같아요. 월급 인상 폭도 6개월 단위로 짧은 편이에요.

택배가 많으면 조금 더 일하기도 하지만 반대로 일이 적으면 일찍 퇴근해요. 육체노동이라서 힘들거든요. 그건 직원분들도 마찬가지일 거예요. 계속 서서 일하는 것이 쉽진 않으니까요.

Q. 온라인으로 운영되다 보니, 자리가 중요하지 않은 것 같아요.

주택가 자릿세가 더 저렴해요. 번화가에 가면 운영이 더 까다로울 것 같기도 하고요. 매출이 많이 나온다고 해도 월세 2~300만 원은 엄두가 안 나는 큰 금액이에요. 매출과 순수익은 다르다보니, 매출이 나오는 만큼 지출도 많아요.

남들 다 하는 것보다 내가 할 수 있는 것

Q. 신메뉴는 어떻게 구상하세요?

신메뉴를 구상할 땐 남들과 다른 새로운 걸 만들려고 해요. 다른 가게와 똑같은 걸 만들어서 팔게 되면, 결국은 가격 싸움밖에 되지 않으니까 하고 싶지 않아요. 가격 싸움하는 게 서로에게 제일 안 좋은 일이잖아요.

요즘엔 순살 딱새우장을 신메뉴로 만들어 판매하고 있어요. 제주도에서 딱새우를 회로 먹었는데, 너무 맛있어서 딱새우장을 만들어 봤어요. 딱새우는 새우와 매우 달라요. 기본적으로 새우 자체가 몸에 가지고 있는 소금기도 다르고 살의 식감도 완전히 달라요. 저희가 판매하는 일반 새우장은 새우살이 탱글탱글한데, 이건 찰져서 밥에

너의 반찬 작가님의 낙지장

비벼 먹기 좋아요.

그런데 일반 새우와 다르게 만들기가 힘들더군요. 공이 많이 든 작품이에요. 딱새우는 가재과라서 바다 밑에서 꽃게처럼 자라요. 그래서 해감을 해 줘야 하는데 방법이 따로 없어요. 몸속을 다 까고 내장을 발라내야 해요. 그래서 하루에 만들 수 있는 양도 정해져 있어요. 다행히 고객분들이 딱새우는 믿고 구매를 해 주시고, 리뷰도 좋아요. 새로운 작품을 만들면 일에 활력이 생겨요. 물론 딱새우장 때문에 스트레스를 받기도 했어요. 아침에 눈 뜨면 주문 몇 개 들어왔나. 꿈에서도 딱새우가 나올 정도였죠. 그러다 구매하신 분들이 후기가 좋게 올라오기 시작하면 하늘을 날 것 같아요. 아드레날린이 엄청 분비돼요. 그런 즐거움으로 신메뉴를 내는 것 같아요.

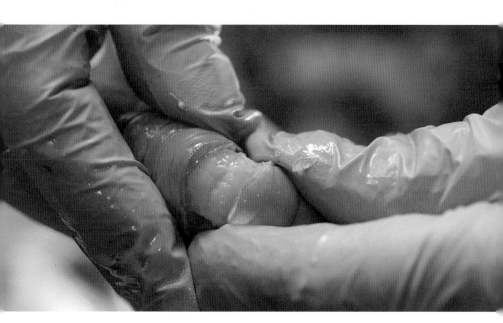

일반 새우와 다르게 만들기가 힘들더군요. 공이 많이 든 작품이에요.

별 다섯 개의 리뷰가 나오기까지

Q. 리뷰도 전반적으로 정말 좋더라고요.

리뷰가 안 좋은 경우도 있어요. 예전에는 그런 리뷰에 상처를 많이 받았어요. 스트레스도 많이 받아서 후기 알림 보기가 겁났어요. 그런데 지금은 후기가 안 좋게 올라오면 '그럴 수 있지, 입맛에 안 맞을 수도 있지'라고 생각해요. 그리고 후기에 좋은 말만 써 드리면 너무 편파적으로 보일까 봐 모든 후기에 답글을 달지는 않고 있어요. 그런데 안 좋은 후기에는 바로 답글과 메시지로 답변을 드려요. 고객님의 문제를 확인했다는 메시지를 드리는 거예요.

상자가 파손됐다거나 배송이 잘못되면 바로 메시지 주셔서 재배송을 요청하거나 환불을 요청할 것 같은데 그러지 않는 분들도 계세요. 보상도 받지 않고 후기에만 올리시고 연락을 안 주시기도 해요. 그럴 때는 제가 환불해드리거나 재발송해드린다고 먼저 메시지를 드려요. 이렇게 하면서 신뢰감을 쌓으려고 해요.

Q. 간혹 맛에 대한 리뷰가 좋지 않게 달리는 경우는 어떻게 하세요?

처음엔 리뷰를 하나씩 보고 맛을 바꿨어요. 그랬더니 기준을 잡기가 어려워지더라고요. 그래서 이제는 후기를 봐서 정말 내 입맛이 잘못

됐다고 생각될 때만 변경을 해요. 그리고 보편적인 입맛을 찾으려고 해요. 사람들은 특이한 메뉴도 종종 찾는 것 같지만 주문해서 먹을 땐 익숙한 음식을 찾아요.

제가 이번에 신메뉴로 낙지장을 냈는데 판매가 많이 이루어지지는 않았어요. 사람들은 새우장이나 게장에 익숙하죠. 낙지장 드셔보신 분들은 맛있다고 하시는데 먹어보기 전에는 선뜻 구매가 안 이뤄지는 것 같아요. 그래서 사람들에게 익숙하고 많이 찾는 식재료에 대해 많이 연구하고 재료 선정에도 신경을 씁니다.

기름이 많은 연어장이 빨리 상한다는 컴플레인에 처음에는 이유도 모르고 다 보상해 드렸어요. 그러다가 작은 냉장고에서는 변질이 쉽게 일어난다는 것을 알게 됐어요. 유통기한이 5일이지만 김치냉장고에 보관하는 경우 최장 열흘까지도 맛있게 먹을 수 있는데, 작은 냉장고에서는 3일 만에 맛이 변질되더군요. 그래서 관련 문의가 들어오면, 지금은 어떤 냉장고를 쓰시는지 여쭤봐요. 작은 냉장고인 경우 냉장 온도가 안 맞아서 그런 경우가 많다고 설명해 드리고요. 이와는 별도로 잘 변질되지 않게 하려고 재료 손질에 더 신경 쓰는 편이에요. 그렇게 작품을 업그레이드하고, 상황을 설명해드리면 불만족 리뷰가 줄어듭니다.

Q. 메시지가 시도 때도 없이 올 텐데 어떻게 조절하세요?

처음엔 좀 힘들었는데 이제는 앱을 잘 활용할 수 있게 되어서 실수를 많이 줄였어요. 저는 작가 교육에 참여하지 않아서 몰랐는데, 나중에 알고 보니 아이디어스 앱에 편리한 기능이 많더라고요. 그래서 지금 은 고객의 요구사항을 메모해 둘 수 있는 주문 메모 기능을 잘 활용하고 있어요.

Q. 아이디어스는 기본적으로 배송이 오래 걸리는 편인데, 작가님은 배송을 굉장히 빨리 처리해주시는 것 같더라고요.

저 역시 뭘 사도 빨리 받고 싶으니 배송일도 웬만하면 다 맞춰드리려고 합니다. 물론 배송 날짜를 맞춰달라고 하셨는데 실수하는 경우도 있어요. 음식이니까 다시 돌려받을 수 없잖아요. 그럴 때는 다시 보내 드려서 손해 본 일도 많아요.

고객님이 원하는 바를 맞춰드리는 게 지금의 매출을 유지하는 방법인 거 같아요. 부수적인 재료를 빼달라거나 그밖의 요구사항들은 모두 확인해요. 택배 100건이 나가도 포장할 때부터 하나하나 체크해서 맞 춰드립니다. 그렇게 해드려야 마음이 편해요.

Q. 고객 응대와 운영은 어떻게 하세요?

현재 직원들 중 4명은 요리, 1명은 포장을 주로 하고 있고 저는 포장도 하고 운영도 해요. 아무래도 같이 업무를 하면서 진행해야 요리나 포장에서 실수가 없는 것 같아요. 특히 여러 개를 한꺼번에 주문하는 건은 포장 오류가 생길 수 있기 때문에 제가 직접 하려고 해요. 그리고 고객 응대는 24시간 열어놓고 메시지를 받고 있어요. 밤중이라도 보게 되면 답장을 안 할 수 없어요. 그래서 진동이 아닌 벨 알림으로 설정해서 바로바로 메시지를 드리는 편이에요. 빠른 답변을 드려야 고객분들도 좋아하시고요. 제일 힘들지만 중요한 일인 것 같아요.

Q. 고객 불만족에 대한 해결 방법 노하우를 알려주실 수 있나요?

고객 응대를 할 때는 굽힐 땐 굽히고, 죄송할 땐 죄송하다고 분명하고 확실하게 사과드려요. 유리병이 깨져서 갔다고 연락이 오면 무조건 정말 죄송하다고 한 후에 '너무 던져졌나봐요', '제 맘 같지 않네요'처럼 말씀드리면서 거듭 죄송하다고 사과드립니다.
이렇게 말씀드린 후에 다시 보낼 때는. 주문 건 말고도 추가적인 혜택을 하나라도 더 넣어드려요. 죄송하다고 말씀드릴 땐 확실히 죄송하다고 해야죠. 아이디어스는 사실 소비자와 판매자의 관계가 확실하게 나뉘어 있지 않아서 메시지로 직접 이야기하기도 하니까 더 조심스러워지게 돼요.

그리고, 이벤트 할 때 내가 소화할 수 있는 양을 아는 게 중요해요. 사실 주문 계속 들어오는데 딱 잘라내기 쉽지 않아요. 제가 최대로 내보낸 게 내보낸 게 하루에 300건이거든요. 이 물량 이상 받으면 문제가 생기더라고요. 소비자는 냉정해요. '작가님, 작가님'하다가도 실수하는 순간 '저기요'라는 말이 나와요. 그래서 저도 하루 이틀 안에 내보낼 수 있을 만큼만 주문받아서 진행해요.

세 번째로는 배송 일정 등에 대한 안내를 미리 해야 해요. 안내가 충분히 나가지 않는다면, 이후에 배송 지연 안내를 드려도 이해해 주시지 않는 고객들이 있어요. 고객들은 그런 말을 들으면 '이럴 거면 주문을 받지를 말지'라고 생각할 수 있으니까요.

마지막으로, 놓치기 쉬운 팁이지만, 저는 메시지 보낼 때 무조건 인사부터 하고 이모티콘을 많이 활용해서 부드럽게 대화하려고 해요. 메시지는 대면 대화가 아니라서 서로의 감정이나 의도를 잘 모를 수 있잖아요.

#반찬전용 택배방식 #워킹맘 타겟

재구매를 만들어야 한다.

Q. 신규 고객을 끌어들이는 방법이 있을까요?

신규 고객도 중요하지만, 저는 재구매해주시는, 단골 구매고객 분들께 신경을 많이 쓰는 편이에요. 기존 고객들을 유지해야 저희도 유지할 수 있다고 생각을 해서, 즐겨 찾기 하신 분들께 조금이라도 더 챙겨드려요.

아기 낳으러 갈 때도 그 소식을 스토리에 올렸는데, 사람들이 힘내시라고 댓글을 달아주셨어요. 소소한 것 같지만, 아이디어스는 고객과의 소통이 매우 중요하기도 하고, 그런 응원들을 보면 자부심이 생기기도 해요.

저의 일상이나 아이 사진을 올리는 것도 고객분들이 저를 아껴주실 수 있는 포인트가 되는 것 같아요. 아이의 300일에는 쿠폰을 나누는 행사를 하려고 해요. 아이를 낳을 때도, 낳고서도 매번 안부를 물어주시고 관심 갖고 예뻐해 주셨어요. 어디 가서 이런 사랑을 받겠어요. 감사한 마음을 이벤트로 만들어서 함께 나누려고 해요.

너의반찬
2018년 3월 29일

오랫만에 인사드리는 너의반찬이에요!
그간 잘 지내셨는지♥

그동안 잠잠했던 이유는 아시는 분들도 계시지만!
제가 드디어 출산을 하고 한 아이의 엄마가 되었습니다 :)

작년 한해 아이디어스 고객님들을 통해서 많은 사랑을
받으면서 너의 반찬도 참 많이 성장했는데!
몸이 무거워지면서 죄송스러운 일도 많이 생기고
아쉬운 점도 참 많았어요 ㅠ—ㅠ

이제 몸이 가벼워졌으니 그간 믿고 예뻐해주신 사랑에
천천히 힘 닿는데까지 보답해드리려해요

오늘은 너의반찬을 좋아요 해주신 분들께
쿠폰을 쏘려합니다 :)

정각 6시에 쏘겠습니다 :)
개개인에게 따로 발행해드리진 않습니다!!
쿠폰 놓쳐서 아쉬운 분들이 없도록 미리 공지합니다♥

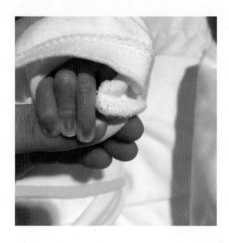

213명이 감정을 표현하였습니다

좋아요 좋아요 좋아요 좋아요 좋아요 좋아요

이전 댓글 보기

강***
축하드려용♡♡♡♡♡♡♡♡♡♡♡♡♡♡♡

홍***
꺄 축하드립니다♥

진***
우오어 축하해유

sa*****
축하드려요♥♥♥♥♥♥♥

h***
옷!! 작가님 축하드려요~~~~!!!

심***
작가님 축하드립니다~@

아***
축하드려용

Ha***
축하드려요^^~~~♡♡♡

댓글을 남겨 주세요.   전송

저의 일상이나 아이 사진을 올리는 것도 고객분들이 저를 아껴주실 수 있는 포인트가 되는 것 같아요

Q. 스토리는 어떻게 풀어내시나요?

스토리는 딱딱하지 않게 풀려고 해요. 좋은 재료를 썼다는 걸 보여드리기 위해서 사진을 찍어서 보여드려요. 완성된 사진은 누구나 보여줄 수 있는 부분이지만, 만드는 과정 사진은 자신감이 없으면 보여드릴 수 없는 부분이니까요. 시간이 없어 많이 올리진 못하지만, 제가 스토리를 쓰면 그만큼 주문이 많이 들어온다는 것이 느껴져요. 아이디어스 스토리, 단체 메시지, 쿠폰 등을 활용하면 바로 매출 수치로 이어져요.

Q. 할인율이 높은 기획전인 '3일 할인'이나 '블랙프라이데이' 같은 이벤트는 순수익으로 따지면 정말 많이 남지 않을 것 같은데 진행하시는 이유가 있나요?

재구매를 고려해서 진행합니다. 저는 그러한 할인 이벤트가 마케팅이라고 생각해요. 마진이 줄어들더라도 다른 마케팅 비용을 들이지 않으니까요. 이런 이벤트를 통해 구매하셨던 분들이 이후에 재구매하시는 경우가 많습니다. 그래서 할인 이벤트는 자신 있는 메뉴로 정해서 재구매를 노리고 진행해요.

양념 연어를 예로 들면, 보통은 간장 연어를 많이 사시고 양념 연어를 생소하게 느끼세요. 낙지장처럼요. 그래서 일부러 드셔보시라고 행사를 했어요. 일단 한번 맛보시라고요. 그럼 재구매로 이어지거든요.

Q. 재구매를 고려하시면서 이벤트를 하시는 거네요!

네. 목적에 따라 다른 이벤트를 진행해요. 추가 구매도 고려하면서 할 수 있어요. 새우전 할인을 하면 새우전 매출만 생기는 것이 아니라 다른 메뉴에 대한 추가 구매가 이어져요. 그래서 후기가 좋은 작품들 위주로 할인을 해요. 마진을 낮추고 판 건데 기분 좋은 후기가 있으면 좋죠. 모두 재구매나 추가 구매를 유도하기 위한 이벤트예요. 단, 한 작품에 이벤트를 너무 자주 하지는 않아요. 자주 할인을 하다 보면 할인만 기다리게 되잖아요. 다양한 상품을 돌려가면서 이벤트를 진행합니다. 그리고 어제 주문하셨는데 발송이 안 된 상품이 오늘 이벤트 상품이라면 환불하고 이벤트 가격으로 재구매하실 수 있도록 안내드려요.

Q. 고생해서 만들었는데 할인하기는 쉽지 않을 것 같아요.

저도 많이 팔아 보고 깨달았어요. 처음에는 할인을 해야겠다는 생각을 하기가 다소 어려웠어요. 하지만 주문 개수가 늘어나면 결국 수익은 마찬가지입니다. 하나 팔아서 천 원 남을 걸 이벤트 해서 오백

원 남기고 두 개 파는 거예요. 제가 일을 좀 더 할 뿐이죠.

그런데 중요한 건 좀 더 많은 사람들이 반찬 맛을 보고 다른 사람들에게 전파한다는 거예요. 고객분들께서 '너의반찬'을 지인에게 소개받았다고 하는 연락이 정말 많이 와요. 결국, 이런 할인 이벤트는 마케팅으로 생각해야 해요.

Q. 음식이다 보니까 공급처도 중요할 것 같은데 어떻게 관리하세요?

많은 수량의 발주를 매일 넣는 편이라서 재료를 저렴하게 공급받을 수 있어요. 예를 들어 새우장 할인을 할 수 있는 이유도 정말 많이 구매하니 가능한 거예요. 수산 관리하시는 분이 제가 필요한 재료나 신메뉴에 필요한 재료는 다 구해주세요.

그리고 작은 업체보다는 큰 업체를 거래처로 두려고 해요. 그래야 제가 더 낮은 가격으로 공급받을 수 있거든요. 그게 결과적으로는 고객에게 이어져요. 그래서 공급처는 계속 연구해요. 더 좋은 가격을 찾으면 말하고 바꾸는 편이에요. 이게 곧 제가 고객에게 할인을 잘 할 수 있는 방법이고요.

반찬은 어떻게 작품이 되는가

Q. 활동하면서 달라진 점이 있나요?

반찬을 하면서 그냥 요리를 한다고 생각했는데, 아이디어스에서 활동하면서 정말 작가가 된 것 같아요. 처음에는 대표님, 사장님 이런 식의 호칭으로만 불리다가 작가님이라고 불리는 게 어색했어요. 근데 이제는 작가님이라 불리는 게 너무 좋아요. 가끔 사장님이라고 부르는 게 이상해요.

그래서 반찬을 만들 때도 그냥 반찬이 아니라 작품을 만든다는 생각이 들어요. 재료 선정이나 요리하는 방식 등 하나하나 허투루 만들어지는 게 없죠. 고객을 상대하는 마음도 달라지고 태도도 달라지고요. 그냥 장사를 하는 게 아니라 정말 장인이 되어가는 것 같아요. 뭐 하나를 해도 공을 안 들이는 게 없어요.

모든 분들이 다 그러시겠지만 즉흥적으로 생각나는대로 판매할 반찬을 선정하진 않아요. 제가 생각하는 기준이 몇 개 있어요. 이 음식이 사람을 끌어들일 수 있는지, 보편적으로 만족할 수 있는지, 택배로 받았을 때 만족할 수 있는지, 또 워킹맘 등 엄마들의 마음을 자극하는지와 같은 것도 기준으로 잡고 있어요.

Q. 앞으로 계획이나 목표가 있다면?

반찬가게로는 최고의 매출을 유지하고 싶어요. 아이디어스 내에서 저희 가게 즐겨찾기를 더 끌어들이고 싶고요.전체 사용자에 비해서 제가 아직은 좀 부족하다고 생각해요. 2018년에 아이디어스 핸드메이드 어워드에 갔었는데, 아이디어스에서 한 해 동안 가장 많이 구매한 고객님을 초대하셨어요. 그런데 확인해보니 제 것은 구매하지 않으셨더라고요. 구매액이 그렇게 많은 분이 제 작품을 사지 않으셨다고 하니 좀 놀랐어요. 한 방 먹은 거예요. 그래서 앞으로는 매출도 유지하면서, 좀 더 많은 고객을 끌어들이고 싶어요.

피스
오브
럭

매출	연 20억 원
직원 수	15명
취급 작품 카테고리	수제화
시작	2002년 6월
해시태그	#사양산업 온라인 생존기

지치지 말아야 해요.
지치지 말고 3개월, 6개월, 1년,
이 일을 평생직업이라고 보고
장기적인 플랜을 가지면
좋을 것 같아요.

소개 글

수제화 시장은 사양화되는 사업 중 하나입니다. 광활한 온라인 시장의 트렌드를 따라가지 못하고, 값싼 기성화에 치이며, 갈 곳을 잃었습니다. 특히 OEM 위주로 운영되던 수제화 공장들은 대부분의 주문량을 책임지던 백화점 브랜드가 주춤하면서 덩달아 주문량이 줄었습니다.

수제화 공장들은 대개 고객과 직접 커뮤니케이션을 하지 않았으므로 고객의 요구를 수용하는 데 어려움이 있었고, 그로 인해 수제화 시장 상황은 더욱 어려워졌습니다.

그러한 수제화 시장에서, 살아남고 이겨나가기 위해 변화하고 있는 피스오브럭을 만났습니다.

Q. 작가님을 소개해 주세요.

신광수 대표(이하, 신) : 피스오브럭 신광수입니다. 저희는 구두를 만드는 회사고요. 제 아내, 가족, 지인에게 편안한 신발을 만들고, 이를 통해 제화업계 1위가 되려는 목표를 가지고 있습니다.

정태영 이사(이하, 정) : 아이디어스에서 진행하는 피스오브럭 활동 전반을 관리하고, 사장님을 도와 회사 운영을 담당하고 있는 정태영입니다.

Q. 현재 연 매출이 얼마나 되나요?

정 : 아이디어스 매출을 따지면 3년 전엔 11만 원이었고, 작년엔 3억 6천만 원 정도의 매출을 냈습니다. 총 매출은 20억 원 수준입니다.

쇠퇴하는 시장에서 살아남기

Q. 몇 년 정도 수제화 시장에 계셨나요?

정 : 지금 계신 이 건물이 사장님 겁니다. 사장님은 구두로 일을 시작하서, 20년 만에 공장을 갖는 꿈을 이루셨어요.

Q. 20년이나 해왔다면 시장에 큰 변화들을 직접 경험하셨겠어요.

신 : 제가 구두 일을 시작했을 때는 경제 성장 시기였어요. 소비가 미덕인 시기였죠. 대부분 업종이 그랬듯이 저희도 호황기를 누렸습니다. 지금은 구두산업이 쇠퇴의 길을 걷고 있어요. 저는 1~2년 후에는 수제화 시장 규모가 지금의 반 정도로 축소될 것으로 생각하고 있어요.

크게 보면 구두도 패션산업이니까, 세월의 흐름을 쫓아간다고 생각해요. 요즘 보면 대형 오프라인 유통 매장도 폐쇄한다는 뉴스가 나오잖아요. 이런 뉴스는 사실 10년 전에 미국이나 일본에서도 종종 있었거든요.

성수동에서 구두 제작하시는 분들은 거의 다 OEM으로 제작하셔서 소비자와 1:1 교류할 기회가 없어요. 그러다 보니 백화점 브랜드가 힘들면 생산량도 줄면서, 같이 어려워져요. 자기 의지나 노력과는 상관없이 타의에 의해서 어려워지게 되는 거죠.

저희는 그런 걸 보아 왔기에, 작지만 브랜드를 만들어 직접 움직이는 게 장기적으로는 성공하고 살아남을 수 있는 길이라는 생각해요. 저희는 고객이 원하는 것이 있으면 곧바로 반영합니다. 고객과 소통하면서 원하는 부분을 파악하고 이를 반영해서 상품을 기획하고 개발하는 거죠.

Q. 구두산업 자체가 축소되고 있는 상황인데, 계속해야겠다고 생각하시는 이유가 있을까요?

신 : 다르게 생각하면 저희만 남을 수도 있어요. 구두를 안 신을 수는 없으니 '그때는 사람들이 더 많이 찾아오지 않을까?'라는 생각을 해요.

Q. 그럼 브랜드 OEM 업무는 조금만 하시는 거예요?

정 : 아니요. 저희는 다른 브랜드의 제품을 만들어주는 일은 절대 안해요.

신 : 사실 다른 공장은 OEM을 많이 하시죠. 저희 같은 경우는 특이한 케이스예요. 저희가 자체적으로 연구해서 디자인, 개발, 생산, 판매까지 전부 하고 있어요.

그래서 아이디어스 등의 플랫폼에 들어가서 고객의 의견을 청취하려는 거예요. 아이디어스는 고객층이 다양하잖아요. 저희는 그런 다양한 고객층의 취향이나 기호 등 정보가 많은 도움이 되고 있어요. 좋은 후기들이 많이 올라와서 저희는 그것을 가장 큰 자산이라고 생각하고 힘도 얻습니다. 아이디어스를 좋은 참고 자료로 활용해서 현재 다른 온라인 사업도 하고 있어요.

직접 브랜드를 만드는게 장기적으로는 성공하고 살아남을 수 있다고 생각해요.

온라인 시장, 살펴보면 답이 있다.

Q. 현재 아이디어스에서 수제화 분야에서 독보적인 위치를 유지하고 계세요. 아이디어스를 처음 들어오실 때 염두에 두신 부분이 있나요?

정 : 처음 입점을 고려할 당시 아이디어스에 수제화가 없었기 때문에, 먼저 인지도를 얻는다면 승산이 있을 것으로 생각했어요. 그리고 가장 중점적으로 고려한 것은 가격대예요.

인터넷 시장에 저가와 고가의 신발들은 다양하지만, 중저가로 자리잡은 곳은 없었습니다. 그래서 우리 작품과 같은 품질에 합리적인 가격이라면 경쟁력이 있을 것으로 생각했어요. 처음 아이디어스에 대해 공부할 때에는 이곳에서 10만 원이 넘는 작품의 판매가 가능할지에 대한 고민도 많았습니다.

신 : 2~3년 전부터 SNS가 정말 많이 보급되었잖아요. 사실 수제화는 40대 전후의 고객들이 가장 많이 찾으세요. 20대 초반 분들은 조금 부담스러워하죠. 그래서 저희도 아이디어스 입점해서 가격 면을 많이 고려했어요. 25~30만 원대에 판매될 만한 작품들은 보통 15만 원대에 판매하고 있거든요. 그런 좋은 작품이 많이 알려졌으면 해요.

Q. 오프라인 위주로 사업을 하시다가, 온라인 시장에
진출해 봐야겠다고 생각하신 이유가 있나요?

신 : 패션업이 어떻게 변화하는지 많이 보고 느껴 왔어요. 제가 유럽
출장을 다닐 땐 인터넷 보급이 되지 않아서 제가 선택한 구두들이 잘
팔렸어요. 적중률이 높았죠. 그런데 인터넷이 보급되니 그게 필요 없
더라고요. 출장비만 들고 몸만 지쳤죠.

저희처럼 전통방식으로 제조하고 오프라인으로 판매하는 사람들은
누구나 온라인 판매의 필요성을 느껴요. 처음엔 접근이 힘들지만, 온
라인 시장의 흐름에 합류해야겠다고 생각하는 거죠.

아이디어스에서 3년 동안 피스오브럭을 운영하며 온라인 판매에 대
한 데이터를 축적할 수 있었어요. 오프라인은 비중을 많이 줄이면서 고
객과 소통하는 창구로 쓰고요.

그리고 시작했으면 계속해야죠. 1년, 10년, 운이 좋으면 20년까지. 온
라인은 계속 가는 시장이라고 생각해요. 요즘엔 모바일 덕분에 정말
상상도 못 했던 변화가 생겼잖아요. 또 어떤 변화가 일어날지 모르니
빨리 도전해 봐야겠다고 생각하는 거죠. 유튜브도 준비하고 있어요.

Q. 오프라인 시장에서 온라인 시장으로 진출하면서 느낀 가장 큰 변화는 무엇이었나요?

신 : 큰 변화가 있었죠. 한때는 오프라인 중심의 시장 운영이 영원할 거라고 믿었던 때가 있었고, 실제로 잘 되었어요. 저희가 만든 작품 퀄리티가 좋아서 우리 것을 잘 만들어서 판매하자고 생각했고, 외주도 거절할 정도였죠.

그러다가 온라인 시장이 시작되고 소비자들은 가격처럼 한정된 정보만 볼 수밖에 없게 되면서 우리가 만든 구두가 기성화에 밀리게 되었어요. 인터넷은 최저가, 빠른 배송 같은 것이 초점인 것 같아요.

반대로 아이디어스는 다른 커머스들과 달리 아날로그적이고 거꾸로 가는 것 같았어요. 그런데도 무시할 수는 없었어요. 이런 곳이라면 예전 구두를 팔던 시절처럼 작품성을 높이고 열심히 해봐야겠다는 마음이 생겼어요. 돈이든 시간이든 가치를 써야 이뤄질 수 있는 곳이 아이디어스라고 생각했어요.

정 : 대면하고 소통하는 것이 아니니까 그 고객이 어떤 생각을 가졌는지 파악하기 어려워요. 그래서 신발을 더 잘 만들어야겠다고 생각하죠. 빅데이터를 활용해야겠죠?

Q. 그래서 지시서 분석도 하시는 거군요.

정 : 전년 대비 어떤 작품이 잘 나갔는지, 어떤 스타일이 인기가 좋은지 알 수 있으니까요. 예전에 큰 규모의 매장 매니저로 있을 때 주말이면 하루에 100~200명의 발을 쟀어요. 그게 도움이 되었어요. 아이디어스에서 1:1 상담을 해 보면 고객님들이 보통 편지 수준으로 사연을 보내요. 그때, '왜 이런 걸 보내'라고 생각하지 않고, '우리 신발에 기대치가 있구나'라고 생각하고 받아들이면 꼼꼼히 읽게 되죠. 경험을 바탕으로 '이런 발 정도 되겠구나'라고 머릿속으로 그림도 그려보고요.

일하기 좋은 환경을 만들어 가려고 해요.

지속 가능한 구두 공방 준비하기

Q. 공장에 딱 들어섰는데 보통 기계들이 있는 공장과
  는 달리 피스오브럭에는 장인들이 한 분씩 자리를
  잡고 망치질을 하고 계시더라고요. 장인과 일할때
  가장 중요하게 생각하는 점이 무엇인가요?

신 : 진정성이죠. 그런 기술을 가진 분들께 갑-을 관계가 아니라 같
은 동료, 친구라는 느낌을 드리려고 노력하고 있어요. 저보다 연세
가 보통은 10~15년, 많게는 20년 정도 많은 분들이에요.
저희가 중요하게 생각하는 건 환경이에요. 보시면 알겠지만, 환경이
좋은 편이에요. 아침, 점심에 청소를 자주 하고 환풍기와 에어컨에

경험을 바탕으로 '이런 발 정도 되겠구나'라고 머릿속으로 그림도 그려보고요.

신경을 많이 썼어요. 구두공장은 본드 냄새가 많이 나기 때문에 환풍, 에어컨, 히터도 천장형으로 만들었어요. 스탠드형은 바람이 많이 불어서 더 안 좋거든요. 이런 식으로 일하기 좋은 환경을 만들어가고 있습니다. 환경이 좋아서 떠나지 않는 분도 계세요. 돈은 다른 데서 더 많이 벌 수는 있겠지만, 자기 건강을 해칠 수 있다는 생각이 드니까요.

사실 아이디어스는 1:1 주문이잖아요. 대량생산보다 시간이 많이 들어가요. 그럼에도 불구하고 여기 계시는 분들은 저희와 함께 근무하면, 다른 곳보다 자신의 삶이 더 길어질 거라고 말씀하세요. 여기 있으면 건강이 유지되고 이 일을 오래 할 수 있을 것 같다고요. 그래서 저희도 신경을 많이 쓰죠.

구두공장을 오랜 시간 운영했는데도 힘들어요. 장인들의 특수성이 강해서요. 그래서 아침에 출근하면서도 '오늘도 배운다'라고 생각하며 나와요. 그렇지 않으면 튕겨 나가요.

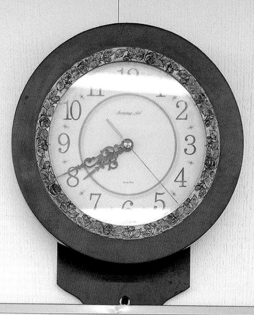

GD 361

GD 233
104 소멸

301

ㅎT흑

GD 169
617번

605
173

GD 170T
611 내피

GA 129

GA 1
04 흑색

머주
35-03

GM 41

13기 내피머룽
17번

GS
220

128번
42번 대체外.

머주
71-04

정연
205

다음 63번

정연
303

GD 701

Q. 공방에 와서 직접 보니, 가죽뿐만 아니라 다양한
　부자재가 있는 것 같아요.
　이런 인프라 구축은 어떻게 하셨나요?

신 : 소비자들은 완성된 구두의 모습만 보지만, 사실 구두에는 수많은 부자재가 들어가요. 구두산업이 힘들다고 하는 게 그런 이유에서예요. 그런 수많은 종류의 부자재들이 모여 하나가 만들어지고, 연마질을 만 번해야 작품이 완성돼요. 이런 인프라를 갖춘다는 게 쉽지 않아요.

이런 인프라는 한 달 후나 1년 후가 아닌 10년 후를 바라보며 이어왔기 때문에 이루어진 것이 아닐까 생각해요. '이번 시즌에 이게 대박 날 거야'라며 단기적인 성과만 살피지 않았어요. 저는 이 일을 계속해야 한다고 생각하면서 장기적인 계획을 세우고 있어요.

저희 같은 경우엔 운도 많이 따랐다고 생각해요. 그래서 브랜드도 공장도 직접 운영할 수 있었어요. 급하게 생각하지 않으면서 한 걸음씩 꾸준히 나아가고 있습니다.

Q. 현재 몇 분과 함께 구두를 만들고 계신가요?

신 : 2003년 무렵엔 친구와 함께 다섯 명이 시작했어요. 그리고 지금은 한 15분 정도 계세요. 예전엔 한 30~40명 정도 있었는데 많이 줄었죠. 처음엔 저도 영업을 하다가 나중에 디자인을 시작했어요. 하지만 기존의 공장에 저희가 넣는 발주량이 적으니까 디자인 의뢰를 해도 수락해 주지 않았고, 또 제가 만든 디자인을 다른 분들과 공유하더라고요. 내가 공장을 가지지 않으면 제대로 할 수 없겠구나 하는 판단 이 들었어요. 그래서 공장을 차렸죠.

Q. 수제화인데도 반품 및 교환이 자유롭더라고요.

정 : 저희가 백화점 매니저 생활부터 해 왔던 터라, 다양한 고객을 만난 경험이 풍부하죠. 한번은 구두를 팔다가 악질 변호사 고객을 만났어요. 자기 발이 상했으니 고발하겠다고 해서 200만 원을 물어 준 적이 있어요. 또 한 번은 어떤 그룹 계열 사람이라면서 말도 안 되는 서비스를 해 줘야 한다는 컴플레인을 받기도 했어요. 이렇게 납득하기 어려운 일들도 많았죠.

그런 경험을 통해 노하우를 쌓았어요. 구두를 아무리 잘 만들어도 서비스의 기본이 없으면 팔 수 없어요. 저희는 현장 경험을 통해서 가능한 것들이 있다는 것을 알고 있죠.

Q. 그럼 세일즈를 하시면서 체득한 것을 바탕으로
   지금의 서비스가 나온 거네요.

정 : 저희는 현장 판매 경험이 있다 보니 식당에서처럼 고객이 짜다
고 하면 짠 것으로 생각합니다. "고객이 짜다면 짜다." 말은 그렇지
만 이런 생각을 지키기는 쉽지 않아요. 구두는 원가가 높으니 그렇
게 생각하기 어렵죠. 공장만 하셨던 분들은 납득하기 어려운 부분이
있을 수 있죠. 하지만 고객이 교환이나 환불을 원하는데 제작자가 불
가하다고 하면 중간에서 직원들이 어떤 입장을 취해야 할지 어려워져
요. 교환 및 환불이 안된다고 하면 컴플레인만 키우게 되고요.

신 : 이 일을 계속하려면 컴플레인 자체도 즐겨야 해요. "너무 좋아
요" 하며 재구매하고 주변에 소개하는 사람이 있는 것처럼, 컴플레
인을 제기하는 고객도 있을 수밖에 없어요. 그런 고객 한두 분에게
는 좋게, 더 좋게 서비스해줘서 미안한 마음이 들 정도로 만들어야
한다고 생각해요. 그래서 이 브랜드 신발을 다시 신어봐야겠다고 마
음이 바뀌게 만드는 거죠. 적을 만들지 말라고 하잖아요. 당장 하나
손해나는 것보다 장기적인 시야로 길게 보고 있어요.
또 직원들에게 이런 일로 스트레스를 주면 그저 단기적인 성과만 내
려고 노력하게 될 거예요. 그러다 보면 나중에는 모든 일이 마이너
스로 돌아오게 되죠. 지금 손해 보는 게 나중엔 2배, 3배가 되어 돌
아온다고 생각해요.
1인 사장님들에게는 그런 단기적 손해를 떠안는 부분이 더 어려우실

거고, 앞으로 풀어야 할 숙제가 아닐까요. 저희도 30-40족 제작해도 1족 반품 들어오면 거의 헛일이나 마찬가지예요. 그래도 그렇게 반품 들어온 것들이 생기면 저희는 잘 모았다가 기부도 해요. 작년, 재작년에도 기부를 했어요. 그러면 좋은 일도 할 수 있고, 많진 않지만 세금 혜택도 어느 정도 받을 수 있고요, 선순환이죠.

Q. 어떤 브랜드를 꿈꾸시나요?

신 : 피스오브럭을 신었던 분들에게 재구매가 일어나고 주변 지인분들에게 입소문 날 수 있는 브랜드가 되면 좋겠어요. 저희는 수제화 구두라서 손으로 만들다 보니까, 잘 되어도 다른 제조산업처럼 무한정 커질 수는 없어요. 한계점이 있습니다. 아이디어스에서 500족 주문 들어왔다고 해도 저희가 생산할 수 있는 인력, 소재가 한정되어 있으니까요.

수제화답게 여기서 생산해서 100족이든 150족이든 저희 손으로 마무리할 수 있으면 좋겠어요. 500~1,000족을 생산하길 원하는 것이 아니라 이런 공방에서 조금 더 커진 제조공장에서 마무리하고 싶어요.

Q. 자신의 사업을 꾸리시는, 꾸리시려는 분들께 조언을 해 주신다면요?

신 : 조급하게 생각하지 않았으면 해요. 준비하면 그런 날이 올 거예요. 3개월 했는데 안 되는 건가 하고 활동 중단하지 말고, 6개월 해보고, 1년 해보셨으면 해요. 오래 끈기를 가지고 한 우물을 열심히 파는 것이 답이라고 생각해요. 핸드메이드에 맞는 플랫폼에서 지속적인 활동을 꾸준히 하는 게 중요한 것 같아요.

하나만 열심히 해도 될까 말까인데, 여기도 했다가 저기도 하니까 고객 주문을 소화하는데 실수를 하게 되고 컴플레인이 걸리고, 가끔 싸우기도 하는 일들이 발생하는 것 같아요.

또, 재구매가 중요해요. 망설이는 사람보다 한 번 구매한 고객의 재구매율이 높아요. 믿고 사니까요. 인연을 맺은 분들과의 관계를 더 중요시해야 해요. 그분들이 소개도 해주니까요.

저희 옆집에 아기가 셋 있는 엄마가 알고 보니 수제 캐러멜을 팔고 있는 아이디어스 작가예요. 지금은 작품을 많이 내렸다고 하시기에, 지루해하지 말고 꾸준히 하시라고 했죠. 구매 후기를 봤더니 평도 좋더라고요. 지치지 말아야 해요. 지치지 말고 3개월, 6개월, 1년, 이 일을 평생직업이라고 보고 장기적인 플랜을 가지면 좋을 것 같아요.

수제화답게 여기서 생산해서 100족이든 150족이든 저희 손으로 마무리할 수 있으면 좋겠어요.

06
비법노트

'핸드메이드 작가로 시작해도 될까?' 혹은 '나도 열심히 하는데 왜 잘 안될까?'

혹시 이런 고민을 하고 계시진 않나요? 성공적인 운영을 위한 구체적인 해법을 알지 못해 답답함을 앓고 계실 분들이 있다면 이 비법 노트를 주목해 주세요! 이 비법 노트에는 인터뷰를 통해 알아낸 작가님의 좋은 팁은 물론, 많은 작가님들이 고민하시던 부분에 대한 효과적인 조언을 담았습니다. 필요할 때 필요한 부분만 찾아 꺼내 쓸 수 있도록 간단하게 핵심만 정리했습니다.

1. 가격은 어떻게 설정해야 할까요?

소비자는 꼼꼼합니다. 하나하나 검색하고 꼼꼼하게 살펴본 뒤에야 구매 결정을 합니다. 따라서 합리적인 가격을 제시하는 것이 중요합니다. 같은 상품이 29,000원과 35,000원일 때 실제 가격 차이는 6,000원 정도지만 소비자가 느끼는 심리적 차이는 천지 차이입니다. 하지만 단순히 가격을 무조건 저렴하게 책정하라는 것은 아닙니다. 아이디어스에서는 아래와 같이 제안해 드리고 있습니다.

1. 우선 내가 속해 있는 작품의 카테고리 가격을 검색합니다.

2. 그 안에서 나의 포지션을 객관적으로 들여다보세요. 프리미엄 급인지, 상대적으로 합리적인 제품인지를요.

3. 그리고 그 안에서 나만의 차별점을 찾아서 객관적으로 가격을 책정합니다. 소비자 입장에서 생각해 보세요.

2. 어떻게 작품을 온라인에서 어필할 수 있을까요?

수많은 작품 중 고객이 내 작품에 시선이 머무르는 것은 1초도 안되는 짧은 순간입니다. 이때 고객의 시선을 끌기 위한 방법 중 하나는 작품의 가치를 제대로 보여주는 '사진'입니다.

김보람 초콜릿, 어니스트쥬디 작가님의 사진을 보면 전문가의 손길이 느껴집니다. 아이디어스에서 제공하는 무료 작품 촬영서비스를 받거나, 외부 전문가를 통해 작품 사진을 촬영한 케이스입니다. 작품을 더욱 전문적으로 느끼게 하여 가치를 더욱 높일 수 있습니다.

아래는 아이디어스에서 운영하는 촬영 교육팀의 촬영 TIP입니다.

실패하지 않는 사진 활영 꿀팁 1

과도한 스타일링은 지양해 주세요. 무채색 소품과 무채색 배경으로
배경정리는 최대한 깔끔하게 해주어야 작품이 눈에 더 잘 띕니다.

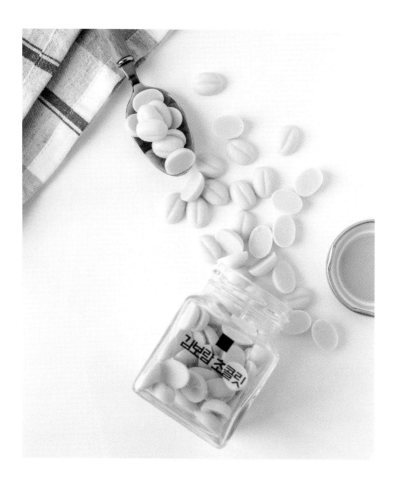

실패하지 않는 사진 촬영 꿀팁 2

식물, 나무, 꽃과 함께 찍으면 훨씬 보기 좋습니다.

실패하지 않는 사진 촬영 꿀팁 3

서적, 잡지, 신문을 활용해 보세요!

실패하지 않는 사진 촬영 꿀팁 4

인공광보다는 자연광을 권장해요. 직사광선보다 은은한 광이 좋고 오전 10시에서 오후 2시 사이의 자연광이 가장 좋습니다.

수평과 수직을 맞춰 주세요. 항공과 중앙 구도를 많이 사용합니다.

실패하지 않는 사진 촬영 꿀팁 6

과한 보정은 이질감을 느끼니 피해 주세요.
Adobe 사의 사진 보정 프로그램인 Light room cc를 추천합니다.

'과한 보정의 예'

'적당한 보정의 예'

작품 소개에는 최소한 아래 9장의 사진이 들어가길 추천해 드립니다.

1. 메인사진 - 스타일링이 들어간 대표 이미지가 가장 눈에 잘띕니다.

2. 클로즈업 - 포인트 디테일을 설명할 수 있는 사진을 추가해주세요.

3. 색상컷 - 색상이 다양하다면 고객이 색상을 확인할 수 있도록 작품의 종류를 모두 모아서 촬영한 이미지를 포함해 주세요.

4. 포장컷 - 작품 포장을 확인할 수 있는 이미지입니다.

5. 제작컷 - 작품을 제작하는 현장감 있는 이미지로 실제 고객에게 핸드메이드 작품으로서의 인식을 심어줄 수 있습니다.

6. 착용컷 - 작품을 사용하는 모델이 들어간 연출 이미지는 고객이 실제 작품을 사용했을 때의 느낌을 효과적으로 전달 할 수 있습니다.

7. 야외컷 - 실내에서만 찍는 사진은 밋밋할 수 있습니다. 야외 등 다양한 배경에서 찍은 사진을 포함해 주세요.

아이디어스에서 위 내용을 바탕으로 작가님들이 더욱 효과적으로 활동할 수 있도록 핸드메이드 작가들에게 필요한 다양한 교육을 진행하고 있습니다. 아이디어스 작가를 대상으로 운영하는 작가 교육, 촬영 교육, 핸드폰 촬영 교육에 참여하시면 양질의 교육 및 컨설팅을 제공해 드립니다.

*더욱 자세한 내용은 아이디어스 작가 앱 공지사항을 확인하세요!

3. 컴플레인이나 악성 고객은 어떻게 처리하는 게 좋을까요?

많은 작가님이 고객과 감정적으로 에너지를 소모합니다. 어떤 경우라도 고객과 싸우지 마세요. 화를 내지 않아도 문제 해결이 가능합니다. 감정 소모를 하지 않아야 합니다. 오직 문제 해결에 포커스를 두세요.

운영 방침에 아래와 같이 여러 옵션을 만들어 두세요.

- **환불해 준다.**
- **환불은 어렵되 교환을 해준다.**
- **서비스 쿠폰을 발행해 준다.**

여러 가지 대응 매뉴얼 중 옵션을 선택하면 됩니다. 또한, 고객에게 안내가 나갈 때는 내 기분이나 감정으로 판단하는 것이 아니라 '원칙', '내부 정책' 등을 제시하며 이야기하세요.

예시) '원칙적으로는 불가능하지만, (어떤) 점을 감안하여 손해를 감수하고라도 처리해 드리겠습니다.' 라고 커뮤니케이션하는 것이 바람직합니다.

4. SNS, 아이디어스 스토리는 어떻게 활용할까요?

SNS나 아이디어스 스토리를 잘 활용하는 작가님들에게는 몇 가지 공통점이 있습니다. 물론 플랫폼마다 접근해야 하는 방식은 조금씩 다를 수 있습니다. 하지만 중요한 포인트는 동일합니다. 고객 입장에서, 고객의 참여를 바탕으로 커뮤니케이션을 진행한다는 점입니다.

작업 과정 공유 : 핸드메이드로 작업 하는 모습뿐만 아니라 어떻게 디자인을 하게 되었는지, 작품에 대한 이야기 등을 더해 작품에 신뢰도를 높이세요! ex) 고은재 작가님의 인터뷰 및 아이디어스 스토리를 확인하세요!

쿠폰 지급 이벤트 : 댓글 등을 활용해 이벤트를 해서 쿠폰을 지급합니다. ex) 꼬리잡기 이벤트 - 규린이네 수제과일청 인터뷰 및 작가님의 인터뷰 및 아이디어스 스토리를 확인하세요!

색상 추천받기 : 제작 과정 중 고객들의 의견을 참고해서 제작해봅니다. ex) 너의반찬 작가님의 인터뷰 및 아이디어스 스토리를 확인하세요!

공감대를 형성하기 : 매번 똑같은 작품의 이야기보다 작가의 개인
적인 이야기 등을 상세하게 공유할수록 고객들
은 인간성을 느끼고 더욱 좋아하게 됩니다.
ex)어니스트쥬디 작가님의 스토리를 확인하세요!

5. 디자인 도용이 발생하면 어떻게 하나요?

디자인권과 관련 법률을 잘 파악하셔서 손해 보실 일은 절대 없습니다. 생각보다 많은 작가님들께서 디자인 도용 문제를 겪기 때문입니다. 특히 요즘은 SNS 등을 통해 작품의 상세한 모습을 누구든지 상세히 살펴볼 수 있기 때문에, 규모나 운영한 기간의 길이와는 상관없이 일어날 수 있는 일이라는 사실을 명심하셔야 합니다.

이 글에서는 디자인권, 저작권 외에 도움이 될 만한 법률들을 간략하게 소개합니다. 다만, 카테고리별로, 또 개개인마다 적용할 수 있는 법률과 그 범위가 다를 수 있습니다. 이 글은 관련 법률에 관한 개괄적인 소개 글로 읽어주시고, 자세한 내용은 반드시 직접 확인해 보시기 바랍니다.

디자인 등록

디자인권을 받는 절차는 크게 사전조사 〉 출원 〉 심사 〉 등록으로 나눌 수 있습니다. 이때 디자인권을 받고자 하는 디자인이 디자인권을 보호받을 수 있는 신규성, 창작성, 공업상 이용가능성의 세 가지 요건을 충족하는지 확인해야 합니다.

물품에 대한 특정 없이 시각적 이미지만으로 구성된 디자인, 물품의 기능을 확보하는 반드시 필요한 형상으로 된 디자인은 보호받을 수 없습니다. 또한, 공업적 생산방법으로 양산이 불가능한 자연물, 순수미술 저작물, 부동산, 인테리어 디자인과 물품성이 없는 시각 이미지인 심벌 마크나 캐릭터 자체는 디자인보호법으로 등록을 받을 수 없습니다.

대한민국 특허청에 등록된 디자인은 오직 대한민국 안에서만 보호가 됩니다. 따라서 해외 시장으로 진출하기 위해서는 반드시 해당 국가의 특허청에 출원하여 등록을 받는 것이 좋습니다. 해외 출원은 해당 국가에 직접 하는 방법, 그리고 헤이그 협정에 따른 국제출원인 '헤이그 시스템'을 이용할 수 있습니다.

헤이그시스템 즉, 국제디자인등록출원은 하나의 출원서와 언어(영어)를 사용하므로 출원절차가 간편하고, 거절이유가 발생하지 않으면 현지 대리인을 선임할 필요가 없습니다. 헤이그 국제출원과 개별국 직접출원은 출원디자인의 시장 트렌드 등 여건에 따라 유리한 쪽을 선택하여 출원하면 됩니다.

*자세한 내용은 특허청 사이트 (https://www.kipo.go.kr/kpo/MainApp) 에서 확인이 가능합니다.

부정경쟁방지법

부정경쟁방지법은 타인의 상표, 상호를 부정하게 사용하는 행위, 타인의 영업 비밀을 침해하는 행위를 방지하기 위한 목적으로 만들어진 법률입니다. 따라서 디자인권을 등록하지 않았을 때, 그 권리를 보호받을 수 있는 근거를 마련해 줄 수 있습니다.

더욱 자세히 살펴보면, 부정경쟁방지법의 제2조 제1호 자목에서는 "타인이 제작한 상품의 형태(형상·모양·색채·광택 또는 이들을 결합한 것을 말하며, 시제품 또는 상품소개서상의 형태를 포함한다. 이하 같다)를 모방한 상품을 양도·대여 또는 이를 위한 전시를 하거나 수입·수출하는 행위"를 부정경쟁행위에 포함한다고 명시하고 있습니다. 해당 규정은 어떤 사정에 의해 디자인권을 등록하지 않았다 하더라도, 그것이 독창적인 형태를 갖추고 있다면, 그 권리를 보호받을 수 있는 근거가 될 수 있습니다.

다만, 기간도 고려해야 합니다. 부정경쟁방지법 제14조(시효)에 따르면 침해 행위에 의하여 영업상의 이익이 침해되거나, 침해될 우려가 있다는 사실 및 침해 행위자를 알게 된 날부터 3년간 청구권을 행사하지 않으면 시효로 소멸하기 때문입니다.

따라서, 디자인의 보호는 부정경쟁방지법에 의해 일부 보호를 받을 수는 있지만, 디자인한 작품을 출시할 때에는 빠른 시일 내에 해당 디자인의 디자인권을 등록해 보호를 받는 것이 최우선입니다.

*자세한 사항은 국가법령정보센터(http://www.law.go.kr/)에서 해당 법을 검색해 전문을 확인할 수 있습니다.

디자인 공지증명

디자인 공지증명은 디자인 등록 출원 전, 디자인 창작 사실(창작자, 시기)을 대외에 공지하여 모방디자인의 출원 등록을 방지하고, 경쟁업체와의 모방 분쟁을 미연에 대비할 수 있는 근거를 마련해 주는 장치입니다. 특허청 디자인권, 특허 심사 시 창작 사실에 대한 증거자료로 활용되어, 무권리자의 디자인 무단등록으로 인한 피해를 예방합니다.

다만, 디자인 공지증명이 되었다고 해서, 디자인권 등록이 모두 가능한 것은 아니며, 디자인권 출원 심사과정에서 디자인권 등록이 거절될 수 있습니다. 실체심사 과정이 없어 디자인 등록에 비해 절차가 간단한 반면, 디자인 등록의 권리보호기간이 20년인 것에 비해 디자인 공지증명의 권리보호기간은 부정경쟁방지법의 경우 창작일로부터 3년에 불과합니다.

안전하고 공고한 디자인의 보호를 위해서는 디자인권을 등록해 무단등록으로 인한 피해를 미연에 방지하는 것이 좋습니다.

*자세한 사항은 한국디자인진흥원의 디자인권리보호 사이트 (http://drights.kidp.or.kr/) 에서 확인할 수 있습니다.

*문의

한국디자인진흥원 디자인법률자문서비스
http://drights.kidp.or.kr/sub/legal_consulting.asp

한국디자인진흥원 디자인분쟁조정위원회
http://drights.kidp.or.kr/sub/conciliation.asp

07
아이디어스 서비스 소개

- 작가스토어
- 촬영서비스
- 작가교육
- 오프라인
- 디자인 서비스

[아이디어스 작가 스토어]

핸드메이드 원/부자재를 국내 최저가로 만나보세요!

아이디어스의 작가 스토어는 아이디어스 소속 작가가 아니어도 사용할 수 있어요. 높은 품질의 핸드메이드 원부자재를 편리하고 저렴하게 구매할 수 있도록 만들었어요. 오직 핸드메이드 작가님을 위한 원부자재 스토어입니다.

비누, 화장품, 석고, 캔들, 향, 클레이, 자수, 뜨개, 레진, 하바리움, 가죽, 슬라임, 액세사리, 식품 포장박스, 택배박스, 각종 용기 등 핸드메이드 원부자재를 국내 최저가로 판매합니다.

아이디어스 작가 스토어의 3가지 장점

1. 국내에서 가장 저렴한 가격 :
유통 마진을 획기적으로 줄여 국내 가장 저렴한 가격에 판매 중입니다.

2. 높은 품질 :
정식 유통 과정을 거친 국내외 유통사들과만 거래하며 원자재 품질의 관리, 감독을 엄격히하고 있어 신뢰할 수 있습니다.

3. 쉽고 편리한 구매 :
아이디어스 앱 하나만 있다면 핸드메이드 원/부자재도 언제, 어디서나 편리하게구매 가능합니다.

서비스 사용 방법

아이디어스 작가인 경우 : 아이디어스 작가 앱 → '작가 스토어'

아이디어스 작가가 아닌 경우 : 네이버에서 '아이디어스 작가스토어' 검색

링크 : https://smartstore.naver.com/idus

[촬영 서비스]

전문 포토그래퍼의 사진으로 더욱 매력적으로 작품을 홍보할 수 있습니다. 1초도 안 되는 순간으로 소비자를 사로잡을 수 있는 사진, 아이디어스 촬영 대행서비스는 오직 아이디어스 작가님을 위해 제공하는 서비스입니다.

아이디어스 촬영 대행 서비스의 3가지 장점

1. 전문 포토그래퍼의 무료 촬영 :
전문 사진가가 작가님의 작품이 더욱 돋보이도록 촬영해드립니다.

2. 간단한 신청 방법 :
시간 여유가 없는 작가님을 위하여 작품 배송만 해주시면 기타 모든 부분을 촬영팀에서 맡아 진행합니다.

3. 여러 작품을 신청할 수 있어요 :
반복적으로 신청이 가능합니다.

서비스 사용 방법

아이디어스 작가 앱 → 자주 묻는 질문 → [TIP] 사진촬영이 힘드신가요? 전문 포토그래퍼가 무료로 촬영해 드립니다.

[작가 교육]

핸드메이드 작가님의 온라인 판매를 도울 수 있는 운영 노하우 및
마케팅, 사진 촬영 등을 교육합니다.

아이디어스만의 작가교육 3가지 장점

1. 현실적이고 실용적인 교육 :
작품 사진부터, 기획, C/S, 마케팅 등 작품 활동과 관련된 모든
주제들을 다루어서 작품 활동에 즉시 적용 가능합니다.

2. 맞춤 컨설팅 :
수천여 명의 넘는 작가들의 데이터를 기반으로 더욱 실용적인
맞춤 컨설팅이 가능합니다. 특히 핸드메이드 작가로서 온라인
판매에 있어 어떤 부분들이 중요한지 구체적으로 피드백 받을
수 있습니다.

3. 평점 9.4점의 높은 만족도 :
그동안 수강한 1600명의 작가님의 익명 후기 평균 9.4점으로,
작가님의 만족도가 매우 높습니다.

서비스 사용 방법

교육 신청 방법 : 매주 아이디어스 작가 앱 공지사항에서 올라오는 교육 공지

에서 신청 가능

[오프라인]

아이디어스는 작가님들의 판로 개척을 위해 오프라인 스토어를 통한 전시와 판매 외에 다양한 행사를 진행합니다. 아이디어스 스토어, 팝업 스토어, 페어, 프리마켓, 페스티벌, 핸드메이드 어워드 등을 진행합니다.

아이디어스 오프라인 행사의 3가지 장점

1. 핸드메이드 작가들이 함께하는 행사 :
경험이 많은 아이디어스 직원들과 다른 작가님들에게 도움을 많이 받을 수 있습니다.

2. 오프라인 판로 확보 :
아이디어스의 오프라인 행사 및 매장을 통해 오프라인 판로를 더욱 쉽게 확보 할 수 있습니다.

3. 작품 활동 환경 개선 :
아이디어스 공유공방 크래프트랩에서 작가의 활동 환경이 더욱 쾌적해지고 좋아질 수 있도록노력하고 있습니다.

서비스 사용 방법

아이디어스 작가 앱 공지사항에서 확인해 주세요!

(단, 행사 성격에 따라 작가님께서 신청하거나 아이디어스에서 자체 선정할 수 있습니다)

오프라인 행사/이벤트 진행 내용

- 공예트렌드페어, 핸디아트코리아 페어 등 매년 10회 이상의 오프라인 행사 진행
- 아이디어스 스토어 인사동점, 롯데몰 수지점 운영
- 핸드메이드 어워드 주최 : 핸드메이드 작가 수상 및 네트워킹 파티 진행

19년 09월 - 아이디어스 스토어 롯데몰 수지점 오픈
19년 07월 - 핸디아트코리아 참여
19년 05월 - 아이디어스 공유공방 크래프트랩 오픈
19년 05월 - 아이디어스 프리마켓 아이디어스 마켓바이 개최
19년 04월 - 서울디자인리빙페어 참여
19년 01월 - 아이디어스 스토어(인사동점) 확장 오픈
18년 12월 - 제 2회 핸드메이드 어워드 개최
18년 11월 - 공예트렌드페어 전시부스 참여
18년 10월 - 현대백화점 천호점 팝업스토어 오픈 (3개월 간 운영)
18년 09월 - 삼성카드 홀가분 나이트마켓 참여
18년 08월 - 핸디아티코리아 페어 참여

18년 05월 - 패스트파이브 크리에이터 나이트 참여

18년 05월 - 트위터 쇼미더기프트 이벤트 참여

18년 05월 - 페이스북 메이드바이유 페어

18년 04월 - 서울리빙디자인페어 참여

18년 01월 - 아이디어스 스토어(인사동점) 1호점 오픈

17년 12월 - 제 1회 핸드메이드 어워드 개최

17년 12월 - 공예트렌드페어 전시부스 참여

17년 12월 - 넥슨 제4회 네코제 참여

17년 11월 - 롯데 피트인 산본점 팝업스토어 오픈

17년 10월 - 롯데몰 은평점 팝업스토어 오픈 (2주 운영)

17년 09월 - 스타일쉐어 마켓페스트 부스 참여

17년 09월 - 서울 국제 디지털 페스티벌 참여

17년 09월 - 서울 생활의 발견_은밀한공예전 참여

17년 08월 - 롯데몰 수원점 팝업스토어 오픈 (2주 운영)

17년 07월 - 핸드메이드 코리아 페어 참여

[디자인 서비스]

아이디어스 작가님을 위해 디자인 서비스를 제공합니다. 작가님의 브랜드와 소중한 작품을 더욱 돋보이게 할 디자인 서비스를 사용해 보세요! 로고 디자인, 박스 디자인, 리플릿, 라벨 등 주요 상품을 구성하는 디자인도 놓쳐서는 안 될 중요한 포인트입니다.

- 로고, 라벨, 리플렛, 박스 디자인

- 작가 명함

- 아이디어스 작가 인증 키트

서비스 사용 방법

아이디어스 작가 앱 → 공지사항 → [디자인 서비스] 작가님의 브랜드와 소중한 작품을 더욱 돋보이게 해줄 디자인을 만들어 드립니다.

끝맺으며

누구 좋으라고
나의 회사 다녔지?

언제부턴가 우리는 꿈도 취향도 획일화된 사회에 살고 있습니다.
모두가 좋은 대학을 가야 하고 모두가 대기업의 취직을 꿈꾸며 모두
가 똑같은 유행을 따라야 하죠. 그렇지 않을 경우 실패하거나 성공하
지 못한 사람으로 여겨지기도 합니다.

이 책을 통해 각자가 가진 다양한 꿈을 자신의 손으로 직접 만들어 내는 분들의 이야기를 담았습니다. 우리 사회가 가지고 있는 모범적인 성공 방정식을 따르지 않았음에도 그 누구보다 성공적인 직업을 가진 핸드메이드 작가님들입니다.

저희는 이런 '핸드메이드 작가'가 제대로 된 직업으로 인정받을 수 있는 세상, 그리고 대다수는 아니더라도 어떤 누군가에게는 장래희망이자 꿈으로 여겨질 수 있는 직업이 되는 세상을 꿈꾸고 있습니다. 그리고 그 꿈이 현실이 되도록 한 걸음씩 나아가고 있습니다.

세상에는 사람 수만큼의 꿈이 있습니다. 이제는 가슴 한편에 어쩌면 희미한 기억으로 남아있을 꿈을 다시 꺼내 볼 수 있는 계기가 되길 바라며, 그 꿈을 본인의 직업으로 만들어가는 모든 분들을 응원합니다.

아이디어스 대표 김동환